Umschlagmotiv: Teatre-Museu Dalí, Figueres

Herausgeber: Polyglott-Redaktion
Autor: Jürgen Reiter
Lektorat: Elisabeth Böllmann
Art Direction: Illustration & Graphik Forster GmbH, Hamburg
Karten und Pläne: Annette Buchhaupt
Titeldesign-Konzept: V. Barl
Realisation: Studio Wolf Brannasky

Wir danken dem Spanischen Fremdenverkehrsamt in Düsseldorf, insbesondere Frau Dr. Isabel Sánchez Gil, sowie der spanischen Fluggesellschaft Iberia für die freundliche Unterstützung.

Ergänzende Anregungen, für die wir jederzeit dankbar sind, bitten wir zu richten an:
Polyglott-Verlag, Redaktion, Postfach 40 11 20, D-80711 München.

Zeichenerklärung

- Information
- Öffnungszeiten
- Telefonnummer
- Faxnummer
- Flugverbindungen
- Eisenbahnverbindungen
- Busverbindungen
- Schiffsverbindungen
- Campingplatz
- Hotel
- $$$ DZ ab 12 000 Ptas
- $$ 6000–12 000 Ptas
- $ unter 6000 Ptas
- Restaurant
- $$$ Menü à la carte ab 4000 Ptas
- $$ 2000–4000 Ptas
- $ unter 2000 Ptas

Routenpläne

- Route mit Routenziffer
- Autobahn, Schnellstraße
- sonstige Straßen, Wege
- Staatsgrenze, Landesgrenze
- National-, Naturparksgrenze

Stadtpläne

- Durchgangsstraße
- sonstige Straßen
- Fußgängerzone
- Fußweg

Erste Auflage 1996

Redaktionsschluß: September 1995

Printed in Germany
Gedruckt auf chlorfrei gebleichtem Papier
ISBN 3-493-62710-6

Polyglott-Reiseführer

Costa Brava
Katalonien

Jürgen Reiter

Polyglott-Verlag München

Allgemeines

Editorial .... S. 7
Katalonien – klein, aber eigenständig .... S. 8
Geschichte im Überblick .... S. 12
Kultur gestern und heute .... S. 14
Katalanische Küche .... S. 18
Urlaub aktiv .... S. 20
Reich an Reservaten .... S. 22
Unterkunft .... S. 24
Reisewege und Verkehrsmittel .... S. 26
Praktische Hinweise von A–Z .... S. 92
Register .... S. 96
Bildnachweis .... S. 96

Stadtbeschreibung

Barcelona – Mi guapa S. 27

Die kunstsinnige Metropole am Meer geizt nicht mit Reizen: Architektonische Glanzlichter des Jugendstils und Museen von Rang, ein gotisches Herz und die berühmte Rambla stehen an erster Stelle.

Routen

Route 1

In der Heimat von Salvador Dalí S. 39

Surrealistische Kunst und traumhaft schöne Felsenbuchten sind an der nördlichen Costa Brava zu entdecken. In Cadaqués lockt das Nachtleben der Künstlerszene.

Route 2

Sonne, Sand und viel Kultur S. 44

Das griechische Empúries erlaubt einen Ausflug in die früheste Siedlungsgeschichte; exklusive oder populäre Badeorte erfüllen Urlaubsträume, je nach Geschmack.

Routen

Route 3

Auf den Spuren der Römer S. 54

Tarragona, bereits in römischer Zeit Provinzhauptstadt, ist unstrittiger Höhepunkt dieser Route; grenzenloses Vergnügen verspricht Port Aventura.

Route 4

Im Schatten der Pyrenäen S. 63

Ein Besuch in Girona und Besalú wird zur Begegnung mit dem Mittelalter. Fern vom Meer bietet der größte Binnensee Kataloniens bei Banyoles Erholung.

Route 5

Zahlen Sie in Franc oder Peseta? S. 72

Im Zwergstaat Andorra beweisen Kommerz und Natur Größe. Wer die steilaufsteigenden Paßstraßen erklommen hat, wird mit Postkartenpanoramen belohnt.

Route 6

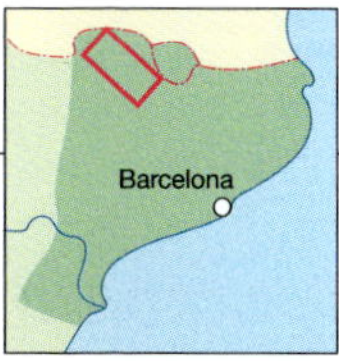

Pyrenäen pur S. 76

Eine Berg- und Talfahrt ins zauberhafte, 1000m hoch gelegene Val d'Aran mit dem herb-schönen Hauptort Vielha und zum grandiosen Nationalpark Aigües Tortes.

Route 7

Vom Reiz der Romanik S. 78

Abseits festgetretener Touristenpfade laden im Vall de Boí staunenswerte Kleinode romanischer Kirchenkunst zur Einkehr ein; den Abschluß bildet die Provinzhauptstadt Lleida.

Route 8

Der Charme der Provinz S. 82

Die Rundfahrt ab Barcelona führt durch eine wunderschöne Mittelgebirgslandschaft; ein paar Burgen und ungewöhnliche Museen (dem Salz bzw. Textilien gewidmet) liegen am Weg.

Routen

Route 9

Die Route der Klöster S. 87

Gleich drei bedeutende Zisterzienserabteien bezeugen das einstige Bündnis von Geist und Macht: Santes Creus, Santa Maria de Poblet und Santa Maria de Vallbona.

Route 10

Lebensader Ebre S. 90

Auf der abwechslungsreichen Strecke durchs Ebre-Tal sind in Tortosa eine elegante Kathedrale und in Gandesa ein Weinkeller im Jugendstil zu bewundern.

Fremde Kulturen kennenlernen und gastfreundlichen Menschen begegnen – wie sehr genießen wir das auf Reisen. Zu Hause bei uns jedoch wird mancher Ausländer von einer kleinen Minderheit beschimpft, bedroht und sogar mißhandelt. Alle, die in fremden Ländern Gastrecht genossen haben, tragen hier besondere Verantwortung. Deshalb: Lassen Sie es nicht zu, daß Ausländer diffamiert und angegriffen werden. Lassen Sie uns gemeinsam für die Würde des Menschen einstehen.

Verlagsleitung und Mitarbeiter des Polyglott-Verlages

Editorial

Viele kennen von Katalonien, einem Land immerhin so groß wie Belgien, nur die Seeseite. Zugegeben, auf ihren 580 Kilometern hat sie eine Menge vorzuzeigen: Die Costa Brava im Norden lockt mit ihrer wilden, brandungsumspülten Felsenszenerie und sandigen Buchten zum Sonnen und Baden. Fest in den Händen deutscher Pauschaltouristen ist die Costa del Maresme, die mit einem Augenzwinkern auch „Costa de los Alemanes" genannt wird. Barcelona, die Olympiastadt von 1992, mit der weltbekannten Flaniermeile Rambla in ihrem Zentrum, gilt zu Recht als Inbegriff multikulturellen Lebens. Die flachen, z. T. kilometerlangen Strände der Costa Daurada schließlich kennt so mancher nur von den Autobahnschildern, dabei wird die „Goldene Küste" ihrem Namen tatsächlich gerecht.

Aber Katalonien ist mehr als seine Küste, die wahren Geheimnisse verbergen sich im Hinterland. Dort erwarten den neugierigen Besucher attraktive Städte wie Girona, Tarragona und Lleida, in denen sich einst die Herrscher durch den Bau glanzvoller gotischer Kathedralen Unsterblichkeit sichern wollten. Es lockt die Provinz mit lieblichen Mittelgebirgslandschaften, stillen Stauseen, fruchtbaren Ebenen sowie beschaulichen Dörfern und Kleinstädten, die noch ländliche Ruhe ausstrahlen. Einen besonderen Reiz üben die Pyrenäen auf den Besucher aus. Einsam schmiegen sich vor dem Panorama schneebedeckter Gipfel romanische Kirchen, steinerne Relikte einer bewegten Vergangenheit, in die Landschaft.

Bei einer solchen Fülle von Attraktionen ist es nicht verwunderlich, daß viele Gäste ihre Liebe zu Katalonien entdecken und immer wieder kommen. Sie sind sich einig mit den Katalanen: *Catalunya – mas que mai!*

Der Autor

Jürgen Reiter, Jahrgang 1955, ist als Reisejournalist, Musiker und Mitarbeiter des Goethe-Instituts tätig und lebt in Köln. Seine Verbindung mit Katalonien ist eine Studentenliebe, der er treu geblieben ist: Während des Studiums der Germanistik und Philosophie schrieb er hier seinen ersten Reisebericht.

Katalonien – klein, aber eigenständig

Lage und Landschaft

Katalonien erstreckt sich von den Pyrenäen im Norden bis zum Ebre-Tal im Südwesten, von der Küste des Mittelmeers etwa 250 km landeinwärts bis zu den Hügellandschaften der Provinz Aragón; seine Gesamtfläche beträgt 31 895 km². Die *Pyrenäen,* die im Pica d'Estats 3143 m erreichen, bilden die Nordgrenze zu Frankreich. Die hier entspringenden großen Flüsse *Segre* und *Noguera* streben dem *Ebre* zu. In Nord-Süd-Richtung verlaufen die Höhenzüge des *Montseny* (1712 m), *Montserrat* (1236 m) und die *Serra de Prades* (1201 m); die Flüsse aus diesen Gebieten, z. B. *Riu Ter* und *Riu Llobregat,* münden direkt ins Meer.

Das Landesinnere ist dank der vielen Wasserläufe und der von ihnen abgeleiteten Kanäle sehr fruchtbar. Oliven- und Mandelbäume, Korkeichen, Obst- und Gemüseplantagen und nicht zuletzt Weinkulturen prägen dort das Landschaftsbild.

Natur und Umwelt

Die Charakterpflanzen der Küsten sind Agaven und Pinien, der Feigenkaktus (Opuntie) sowie verschiedene Palmenarten, die erst im 19. Jh. eingeführt wurden. Die Mittelgebirge sind zum Teil noch dicht mit Eichen, Kastanien und Nadelbäumen bestanden, aber selbst in abgelegenen Berggegenden werden die Folgen von Abholzung, die eine lange Tradition hat (für den Schiffbau), und verheerenden Waldbränden drastisch sichtbar. Im Frühjahr und Herbst verwandeln sich kleine Bäche in reißende Ströme, die den wurzellosen Boden mit sich reißen und zum Teil ganze Hänge und an ihren Mündungen Strandstücke wegspülen.

Wie in fast allen europäischen Ländern gibt es kaum noch größere Wildtiere in Katalonien, einzig in den Hochgebirgen findet man vereinzelt Gemsen, Steinböcke, Adler und Bären. Die untermeerische Flora und Fauna hat vor allem durch Überfischung argen Schaden genommen. Einige Fisch- und Pflanzenarten sind bereits ausgestorben, wenngleich Bürgerinitiativen kleine Areale vor dem ökologischen Ruin retten konnten.

Das Problem der Verschmutzung von Stränden und Wasser im Bereich Barcelonas und an den Flußmündungen hat sich merklich verkleinert; verschärfte Auflagen für Industriebetriebe und ein erhöhtes Umweltbewußtsein der Öffentlichkeit zeigen Resultate. Die regelmäßigen Wasserprüfungen ergeben hier durchschnittliche Werte, auch in den Zustandsberichten des ADAC schneidet die katalanische Küste gut ab. Die größte Gefahr für die Natur stellt allerdings inzwischen der seit Jahrzehnten anhaltende Ansturm der Touristen dar. Durch Autobahnen und Schnellstraßen, Promenaden und Spazierwege, durch Hotels und Parkplätze zubetonierte Grünflächen sind der Preis, den die Natur für die Bequemlichkeit des Menschen zahlen muß.

Klima und Reisezeit

Klimatisch gesehen kann man zwischen einem feuchten und einem trokkenen Katalonien unterscheiden. An der Küste werden über 200 Sonnenscheintage pro Jahr verzeichnet. Niederschläge sind selten und fallen vorwiegend in den Monaten März bis Mai und Mitte September bis Mitte November. Im Landesinnern herrscht ein weitgehend heißes, regenarmes Klima, doch zum Pyrenäenrand hin nehmen die Niederschläge zu und die Temperaturen sinken.

Die besten Reisemonate sind an der Küste Juni und September. Das Klima ist dann nicht zu heiß und das Wasser angenehm temperiert. Das Landesinnere und die Pyrenäen wird man fast uneingeschränkt in den Monaten Mai bis September genießen können: Man entgeht den Frühjahrs- und Herbstregenfällen und hat selbst im Hochgebirge milde Tage.

Bevölkerung und Sprache

Knapp sechs Millionen Einwohner zählt das Land, davon etwa 60 % alteingesessene Katalanen. Die übrigen sind vorwiegend in diesem Jahrhundert aus den südlichen Teilen Spaniens zugewandert. Mittlerweile hat die Autonome Region Katalonien eine fast ebenso hohe Bevölkerungsdichte wie Deutschland und liegt damit in Spanien an der Spitze.

Hochzeit in Castelló d'Empúries

Die Sprache der Katalanen ist das *Català*. Seit dem 12. Jh. gibt es Zeugnisse dieser selbständigen romanischen Sprache, die nichts mit dem Kastilischen (Spanischen) zu tun hat, sondern mit dem Provenzalischen/Südfranzösischen verwandt ist und auch auf den Balearen, um València herum, ja sogar in Teilen Sardiniens gesprochen wird. Sowohl die spanischen Könige im 18. Jh. als auch der Diktator Franco versuchten, die Ausübung des Katalanischen zu unterdrücken – freilich ohne Erfolg. Heute ist Català zusammen mit Spanisch Landes- und Amtssprache, in den Schulen und Universitäten wird in beiden Sprachen unterrichtet. Ortsnamen sind mittlerweile meist katalanisiert.

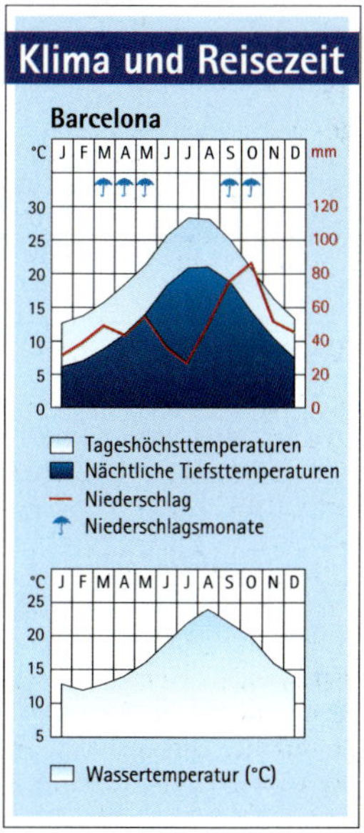

Neben der Sprache kommen heute die alten Bräuche in Katalonien wieder stärker zum Tragen: Man tanzt nicht Flamenco wie die Andalusier, sondern die *Sardana* (s. S. 10, „Die Katalanen ...“), einen ruhigen Reigentanz. Nicht der Stierkampf, sondern Fußball (FC Barcelona) und Tennis (Arantxa Sanchez-Vicario) stehen ganz vorn in der Gunst des Publikums.

Die Katalanen halten zusammen

Die Sardana ist der katalanische Volkstanz schlechthin. Man weiß nicht genau, wo dieser 500 Jahre alte Reigentanz entstand – vielleicht in der Region Cerdanya in den Pyrenäen, im Alt-Empordà an der Costa Brava, in Griechenland oder in Sardinien.

Die Tänzer stellen sich im Kreis auf (bei Paaren Männer immer links von den Frauen), fassen sich an den Händen und machen kurze *(pasos curts)* und lange *(pasos llargs)* Schritte nach vorn, hinten und zur Seite. Dabei werden z. T. halblaut die Schritte gezählt, was Nichtkatalanen mitunter zu spöttischen Äußerungen veranlaßt wie: „Die Katalanen sind so berechnend, daß sie sogar beim Tanzen zählen!" Begleitet wird der Tanzkreis von einem eigentümlichen, zehn Mann starken Orchester, der *Copla.* Zum Rhythmus des Kontrabasses und einer kleinen Trommel erklingen einfache, näselnde Melodien (meist im 6/8-Takt) von der Pikkoloflöte *(flabiol),* einer Art Oboe *(tenora)* und anderen Blasinstrumenten.

Die Sardana, unter Franco verboten, war lange ein Symbol der katalanischen Solidarität: „Wir stehen zusammen, was auch immer geschehen mag." Heute ist jeder willkommen, sich in den Tanzkreis einzureihen, z. B. auf dem Kathedralplatz in Barcelona, samstags um 18.30 Uhr und sonntags um 12 Uhr.

Wie sich im Kultur- und Sportbereich dokumentiert, haben die Katalanen mit dem Klischeebild eines Spaniers wenig gemein. Von Südspaniern werden sie gelegentlich als „die Mitteleuropäer Spaniens" bezeichnet, und man unterstellt ihnen einen ausgeprägten Geschäftssinn, einhergehend mit einer leichten Tendenz zur Kopflastigkeit und intellektueller Verrücktheit. Aber wie das so ist mit Unterstellungen: In der Realität erweisen sie sich meist als Schall und Rauch und verweisen auf die Defizite dessen, der sie in die Welt gesetzt hat.

Wirtschaft

Wirtschaftlich gesehen gehört Katalonien mittlerweile zu den stärksten Regionen Spaniens. Die sechs Millionen Bewohner stellen etwa 15 % der spanischen Gesamtbevölkerung dar, erwirtschaften aber ca. 20 % des Bruttosozialprodukts.

Haupterwerbszweig der an Bodenschätzen armen Region ist nicht mehr die Landwirtschaft – in ihr finden nur noch 6 % der Bevölkerung ihr Auskommen –, sondern vielmehr die Industrie (auf sie entfallen 44 % der arbeitenden Bevölkerung) und das Dienstleistungsgewerbe (50 %). Ein bemerkenswert hoher Anteil der in der Industrie (vorwiegend weiterverarbeitende und Textilindustrie; Hafenverkehr) Beschäftigten, nämlich 84 %, sind in mittleren und kleineren Familienbetrieben mit weniger als 500 Mitarbeitern tätig. Wichtigste Handelspartner sind die Länder der EU, Deutschland für den Export, Frankreich beim Import.

Das wirtschaftliche Potential Kataloniens konzentriert sich im Großraum Barcelona; fast die Hälfte der Bevölkerung lebt und arbeitet hier. In den anderen Landesteilen ist es vor allem der Tourismus, der die ökonomische Stärke des Landes sichert. Rund 15 Mio. Reisende besuchen oder durchfahren jährlich Katalonien.

Politik und Verwaltung

Seit 1979 hat Katalonien eine eigene Regierung, eingebunden in das spanische Staatssystem einer konstitutionellen Monarchie. Die Grundlagen der Selbstverwaltung von Katalonien sind im „Autonomiestatut" von 1979 festgeschrieben. Die Generalitat mit Sitz in Barcelona versteht sich als Nachfolgerin der seit 1359 bestehenden Ständevertretung *Corts Generals* und setzt sich zusammen aus dem Parlament mit 135 Abgeordneten und dem Exekutivrat, der Regierung im engeren Sinn.

Sonntags und bei Festen live zu sehen: die Sardana, ureigenster Tanz der Katalanen

Der Präsident des Landes – seit 1980 ist es der Bankier, Verleger und Doktor der Medizin Jordi Pujol – wird vom Parlament jeweils auf vier Jahre gewählt. Pujol gehört der bürgerlichen Partei *CDC* (*Convergència Democràtica de Catalunya)* an. Diese hat sich mit der *Unió Democràtica de Catalunya* zum regional stärksten Parteienverband *(CiU)* zusammengeschlossen.

Verwaltungsmäßig gliedert sich Katalonien in die vier Provinzen Barcelona, Tarragona, Lleida und Girona. Diese wiederum sind unterteilt in 41 *Comarques*, die 1987 nach regionalen Eigenheiten und wirtschaftlichen Gesichtspunkten gebildet wurden. Sie sind Landkreisen vergleichbar.

Im Fischerdorf El Port de la Selva

Steckbrief

Landesname: Catalunya

Flagge: „La Senyera"– vier rote Streifen auf gelbem Grund

Status: eine der 17 Autonomen Regionen Spaniens, mit eigenem Parlament

Regionale Gliederung: Vier Provinzen (Barcelona, Tarragona, Lleida, Girona), die in 41 Comarques aufgeteilt sind.

Hauptstadt: Barcelona (1,8 Mio. Einw.)

Fläche: 31895 km² (so groß wie Belgien)

Küste: 580 km

Höchster Berg: Pica d'Estats (3143 m)

Einwohner: Rund 6 Mio.

Bevölkerungsdichte: ca. 200 Einw./km² (in Barcelona 2000/km²)

Sprache: Català (Katalanisch); Castellano (Spanisch)

Religion: 80 % römisch-katholisch

Tourismus: Jährlich über 15 Mio. Gäste; 2,5 Mio. Übernachtungsplätze stehen insgesamt zur Verfügung, darunter fast 5000 Hotels mit 250 000 Betten

Geschichte im Überblick

Um 700 v. Chr. Als erste Bewohner des heutigen Katalonien sind die nordafrikanischen Iberer nachgewiesen. Sie siedelten u. a. im Gebiet um Barcelona.

Um 600 v. Chr. Die Griechen dringen bis an die katalanische Küste vor und gründen die Siedlung Emporion, das heutige Empúries.

3. Jh. v. Chr. Auch die Karthager gelangen nach Katalonien. Es kommt im Ersten Punischen Krieg zu Auseinandersetzungen zwischen ihnen und den Römern, die 217 in Nordwestspanien einmarschiert waren. Im Friedensschluß von 197 v. Chr. müssen die Karthager auf ihre hispanischen Besitzungen verzichten. Die Römer gründen die Provinz *Hispania Citerior* mit Tarraco (Tarragona) als Hauptstadt.

200 v. Chr.–200 n. Chr. Unter dem römischen Einfluß blüht das Land auf; insbesondere Tarragona und Barcelona, Julia Augusta Favencia Paterna Barcino genannt, erleben einen Aufschwung.

414 Die Westgoten erobern Nordspanien, 476 auch Barcelona, das sie zur Hauptstadt ihres Reiches *Gotalonia* machen. In dieser Bezeichnung des Landes vermuten viele Historiker den Ursprung des Namens Katalonien.

Um 700 Maurische Horden ziehen von Afrika auf dem spanischen Festland gen Norden und setzen sich kurzzeitig auch in Katalonien fest. 713 wird Barcelona eingenommen.

8./9. Jh. Die Karolinger unter Ludwig dem Frommen drängen die Mauren zurück. Wilfried der Behaarte *(Guifré el Pelós)* vereint die fränkischen Gaue der Marca Hispanica südlich der Pyrenäen zu einer Grafschaft, die von Barcelona aus verwaltet wird.

988 In einer letzten Eroberungswelle erreichen die Mauren unter Al-Mansur 985 Barcelona und richten große Zerstörungen an. Aber die Stadt wird 988 ohne fränkische Unterstützung befreit, worauf Borrell II die Unabhängigkeit seiner Grafschaft verkündet. Dieses Jahr wird im Land als das Geburtsjahr Kataloniens gefeiert.

1137 Graf Ramon Berenguer IV heiratet Petronilla, die Thronfolgerin des Königreichs Aragón, dessen Hauptstadt Barcelona wird. Durch den Zusammenschluß mit Aragón steigt Katalonien zur Seemacht auf; im 13. Jh. werden zahlreiche Inseln und Küstengebiete im Mittelmeer besetzt (u. a. Sardinien und Neapel).

1289 Zum ersten Mal tritt eine Versammlung von Vertretern des Adels, des Klerus und der Bürger zusammen: die sogenannten *Corts Catalans* – europaweit die erste Form einer parlamentarischen Regierung. 1359 werden die Corts offiziell anerkannt.

1469 Ferdinand von Aragón heiratet Königin Isabella I. von Kastilien. In der Folge verlagert sich das Zentrum der Macht nach Madrid. Auch vom Seehandel mit den Ländern der Neuen Welt wird Katalonien ausgeschlossen, der wirtschaftliche Abstieg ist unabwendbar.

1639 Die katalanischen Stände erheben sich gegen die zentralistische Herrschaft Felipes IV. Unterstützt werden sie dabei vom französischen König Louis XIII. Erst 1651 können spanische Truppen Barcelona zurückerobern.

1714 Im *Spanischen Erbfolgekrieg* ergreift Katalonien Partei für den Habsburger Herzog Karl von Österreich und wird dafür blutig bestraft. Felipe V macht einige Stadtteile Barcelonas dem Erdboden gleich und verbietet per Dekret die Ausübung katalanischer Sonderrechte und die katalanische Sprache.

1778 Der Handel mit Amerika wird für Katalonien freigegeben.

1808–1814 Weil sich die Katalanen gegen die Franzosen erheben, kommt es zum sog. *Franzosenkrieg.* Napoleons Heere dringen ins Land ein und verwüsten unter anderem Barcelona sowie das Kloster Montserrat.

Nach 1814 Katalonien wird zum Vorreiter der industriellen Revolution in Spanien. In Barcelona wird die erste Dampfmaschine in Betrieb genommen (1833), zwischen Barcelona und Mataró fährt die erste spanische Eisenbahn (1848). Die katalanische Kultur erfährt eine Neubelebung, die sich vor allem in der Literatur, Malerei und der Architektur *(Modernisme)* widerspiegelt.

1871 Katalonien sagt sich von Spanien los, verbleibt aber nach Verhandlungen im Königreich Spanien.

1888 Barcelona ist Schauplatz einer Weltausstellung auf dem Areal der ehemaligen Zitadelle. In der Stadt entstehen zahlreiche Bauwerke des *Modernisme.*

1910 Um die Jahrhundertwende setzt in Katalonien eine politische und wirtschaftliche Krise ein. Spanien hat 1898 im Krieg mit den Vereinigten Staaten seine Besitzungen Kuba und Puerto Rico verloren; in Barcelona gehen protestierende Arbeiter auf die Straße.

Als sie sich 1907 weigern, sich für den Krieg gegen Marokko rekrutieren zu lassen, kommt es zur *Setmana Tràgica.* In dieser tragischen Woche plündert der Arbeitermob aus Haß gegen den staatstragenden Klerus Kirchen und Klöster, die Staatsmacht schlägt blutig zurück. Als eine Folge davon wird 1910 die erste Gewerkschaft, die CNT (Confederació Nacional del Treball), gegründet.

1914 Ausrufung einer katalanischen Provinzialregierung, der *Mancomunitat Catalana.* Ihre Unabhängigkeitsbestrebungen werden jedoch durch die Militärdiktatur von *Primo de Rivera* (1923–1930) im Keim erstickt.

1929 Zweite Weltausstellung in Barcelona auf dem Montjuïc.

1932 In der Zweiten Spanischen Republik (1931–1939) erhält Katalonien sein erstes Autonomiestatut. Es kommt jedoch kaum zum Tragen, weil 1936 der *Spanische Bürgerkrieg* beginnt.

1939 Am 26. Januar marschieren Francos Truppen in das auf Seiten der Republikaner stehende Barcelona ein. Der Präsident der Republik, Lluís Companys, wird im Castell de Montjuïc hingerichtet.

Es beginnen lange Jahre der Unterdrückung der katalanischen Kultur. Einzig die katholische Kirche erkennt die katalanische Sprache öffentlich als Landessprache an.

1977 Zwei Jahre nach dem Tode Francos wird in Spanien durch ein Plebiszit die konstitutionelle Monarchie eingeführt, König wird Juan Carlos I.

1979 Katalonien erhält sein zweites Autonomiestatut, es folgt die Anerkennung des Català als Amtssprache. Nach den ersten freien Parlamentswahlen 1980 wird Jordi Pujol Präsident der Autonomen Region; zuletzt wurde er 1992 bestätigt.

1986 Spanien wird EG-Mitglied.

1992 Barcelona ist Austragungsort der XXV. Olympischen Spiele und nutzt die Chance zur Verschönerung vor allem seiner Seeseite und den Ausbau der Stadtumfahrungen *(rondas).*

1995 Turnusgemäß geht der Vorsitz der EU für ein halbes Jahr an Spanien.

Kultur gestern und heute

Die ersten bedeutenden architektonischen und kulturellen Spuren haben in Katalonien die Griechen hinterlassen. Sie gründeten um 600 v. Chr. die Siedlung *Emporion* (das heutige Empúries, s. S. 44). Später waren es die Römer, die insbesondere dem Gebiet um Barcelona und Tarragona deutlich ihren Stempel aufdrückten. Westgotische Bauten (vorwiegend Kirchen) sind dagegen selten und meist weniger spektakulär. Gleiches gilt für die Gebäude aus maurischer Zeit.

Religiöse Kunst der Romanik

Die erste Stilepoche, aus der sich, über das ganze Land verteilt, beeindruckende architektonische Zeugnisse finden, ist die *Romanik* (in Spanien etwa zwischen 950 und 1200). Das ausgehende erste Jahrtausend und die Anfangszeit des zweiten war eine Periode politischer Stabilität für Katalonien. Das Land erlangte seine Unabhängigkeit, und seine Bewohner entwickelten nationales Bewußtsein. Die Grafen von Barcelona finanzierten gewaltige Klosteranlagen der Benediktiner, die zu bedeutenden Zentren der Kultur heranwuchsen (z. B. *Ripoll*, s. S. 69). Die frühen romanischen Pfarrkirchen waren einschiffig angelegt mit höchstens drei Apsiden. Nach Einführung der sog. römischen Liturgie (um 1050) wurden viele von ihnen um ein Querschiff und zusätzliche Apsiden erweitert.

Baumeister sowie Bildhauer aus Südfrankreich und der Lombardei arbeiteten an vielen Kirchen Kataloniens, insbesondere in den Pyrenäenorten, und gaben diesen Bauten mit den schmalen hohen Kirchtürmen ihre charakteristische Prägung, z. B. im Vall de Boí (s. S. 78). Es sind jedoch heimische Meister, die die Apsiden der strengen, nordkatalanischen Dorfkirchen mit grandiosen Fresken – Hauptmotiv ist Christus als Weltenherrscher (Pantokrator) – ausmalen.

Um sie vor dem Verfall zu retten, wurden viele Bilder Mitte dieses Jahrhunderts abgenommen und ins *** *Museu d'Art de Catalunya* nach Barcelona gebracht. Dieses Museum besitzt neben der schönsten und größten Sammlung von romanischen Apsisfresken zusammen mit dem * *Museu Diocesà* in Vic auch die beste Abteilung gotischer Kunstwerke in Katalonien.

Kathedralen und Paläste der Gotik

Während der Gotik (1150–1450) erlebte Katalonien seine wirtschaftliche Blütezeit, Adel und aufstrebendes Bürgertum dokumentierten ihre politische Stärke und Finanzkraft mit imposanten Bauten in den sich rasant entwickelnden Städten. Schönste Beispiele dafür sind das ** *Barri Gòtic* und die Börse *(La Llotja)* in Barcelona.

Wo die Mauren im südlichen Katalonien vertrieben waren, stifteten die katalanisch-aragonesischen Könige zum Dank für den Sieg Klöster. Vor allem Zisterzienser wurden mit der Aufgabe betraut, die Kolonisierung voranzutreiben. Spitzbogen und Rippengewölbe, Fensterrosen und farbige Glasfenster stellten die großen architektonischen Neuerungen dar. Im Innern der Kirchen sind es meisterliche Altaraufsätze, in der Regel mit Darstellungen der Lebensgeschichte der Kirchenpatrone, mit denen die Künstler glänzen.

Künstlerischer Stillstand

Renaissance, Barock, Klassizismus oder Historismus hinterlassen weder in der sakralen noch in der Profankunst nennenswerte Spuren. Zu sehr ist die Region in die Auseinandersetzungen mit den spanischen Königen verwickelt, die politische Eigenständigkeit muß fortwährend verteidigt werden, Wirtschaft und Kultur stecken in der Krise.

Inspiration und Kühnheit der Renaixença

Erst im Lauf des 19. Jhs. kann sich das Land erholen, sowohl wirtschaftlich als auch in seiner künstlerisch-schöpferischen Kraft. Im Rahmen der „Nationalen Wiedergeburt", der katalanischen *Renaixença,* erleben Sprache und Literatur, aber vor allem die bildende Kunst neuen Aufschwung.

In der prosperierenden Hauptstadt werden ab 1860 die Pläne für ein großzügiges Stadtviertel, das *Eixample,* außerhalb der geschleiften Stadtmauern unter der Leitung des Stadtplaners *Ildefons Cerdà* realisiert. Die Umsetzung seines damals revolutionären Konzepts (begrünte Innenhöfe, Sozialzentren, beschränkte Bauhöhe) bietet jungen Architekten die Chance, neuartige Bauideen unter Nutzung fortschrittlicher Bautechniken zu entwickeln. Eine besondere Ausprägung erfährt zwischen 1880 und 1920 in Katalonien der Jugendstil. Es entstehen vor allem in Barcelona zahlreiche Bauten des sog. *Modernisme* (s. S. 34).

Romanische Mare de Déu: die Muttergottes wird sehr verehrt

Der Kreuzgang der Kathedrale von Tarragona mißt 47 x 46 m

Weltliche Literatur – eine Kunst der Neuzeit

Der Lyriker *Jacint Verdaguer* (1845–1902), der Dramatiker *Àngel Guimerà* und der wohl bekannteste Romancier seiner Zeit, *Joan Maragall,* verkörpern die Renaixença in der katalanischen Literatur. Ihnen folgten Schriftsteller wie *Josep Pla* (1897–1981), der aus Palafrugell stammt, oder *Mercè Rodoreda* (1909 bis 1983), deren Roman „Reise ins Land der verlorenen Mädchen" auch ins Deutsche übersetzt wurde.

In der Literatur der Gegenwart spielen neben anderen *Juan Mersé* (*1933; „Wenn man dir sagt, ich sei gefallen...") und der auch politisch engagierte *Manuel Vázquez Montalbán* (*1939; „Tahiti liegt bei Barcelona") eine große Rolle. Beide Kriminalauto-

Ein Meisterwerk des Modernisme: die Casa Batlló in Barcelona

ren thematisieren in ihren Werken vielfach das zwielichtige Milieu der Altstadt von Barcelona.

Neues Profil der Malerei

„Laßt uns darüber nachdenken, was es bedeutet, am Mittelmeer geboren zu sein. Es bedeutet, daß wir gleich weit vom blendenden Licht der Tropen entfernt sind wie vom geisterschaffenden Dunkel des Nordens. Die Katalanen haben einen natürlichen Sinn für Plastizität, der ihnen eine Vorstellung von den Dingen untereinander gibt. Die See und das Licht der Mittelmeerländer bringen diese bewundernswerte Klarheit hervor."

Obwohl sich Gaudí nie der Malerei gewidmet hat, so geben seine Worte Ansatzpunkte zum künstlerischen Verständnis von Malern und Bildhauern wie *Joan Miró* (geb. in Barcelona; 1893 bis 1983), *Salvador Dalí* (geb. in Figueres; 1904–1989) und *Pablo Picasso* (1881–1973). Picasso, als einziger der drei nicht in Katalonien geboren, verbrachte seine Jugend und die ersten Akademiejahre in Barcelona, ehe er 1904 nach Frankreich ging. Auch Miró schloß sich Pariser Gruppen an, doch blieb er eng mit Barcelona verbunden, wo unter seiner Mithilfe auf dem Montjuïc ein bemerkenswertes Museum entstand. Dalí hing wie kein anderer an seiner katalanischen Heimat, in der auch gestorben ist (s. S. 43).

Läßt man dieses überragende Dreigestirn außer Betracht, so lag Kataloniens künstlerisches Potential während der Franco-Diktatur jahrzehntelang brach. In den 80er Jahren fand es zu eigenständigen Neuansätzen. Die abstrakten und futuristischen Werke des Künstlers *Antoni Tàpies*, die Architekturrichtung des *Nou Urbanisme* und die europaweite Bedeutung von Barcelona als Designzentrum sind ein Beleg dafür.

Von Drachen und Giganten

In Katalonien haben sich im Verlauf der Jahrhunderte eigene Festtagsbräuche, Riten und Tänze entwickelt, die den Fremden leicht in Erstaunen versetzen. So zum Beispiel die *Castells.* Das sind Menschentürme, die mit akrobatischer Geschicklichkeit bis zu 10 m Höhe aufgebaut werden. Die stärksten Männer einer Gruppe bilden den unteren Ring. Auf ihre Schultern steigen die nächsten, und so weiter. Zuletzt hangelt sich ein kleiner Junge, der *enxaneta* („Wetterhahn"), die Pyramide hinauf. Wenn er 3 Sekunden lang aufrecht stehen bleibt, ist das Castell („Burg") gelungen.

Auf die Legende des hl. Georg, des Drachentöters, gehen die *Correfoc* zurück. An Feiertagen streifen Gruppen von bizarren Tiergestalten, Teufeln und Horrorfiguren nachts durch die Stadt. Sie machen einen Höllenlärm und werfen mit Feuerwerkskörpern nur so um sich. Wenn die Teufel kommen, heißt es in Deckung gehen.

Einen bizarren Eindruck vermitteln riesige Menschenfiguren, die zu Ehren der Stadtheiligen durch die Straßen ziehen. Jeder Ort oder Stadtteil hat seine eigenen *gegants* („Riesen"). Die bis zu 3 m hohen Pappmachéfiguren stellen wichtige Personen aus der Geschichte des jeweiligen Ortes dar.

Auch Tanz und Musik werden in Katalonien großgeschrieben. An der Küste erklingen die *Havaneras,* das sind Seemannslieder aus Kuba, und allerorten auf den Marktplätzen sieht man die Menschen meist sonntags *Sardana* tanzen (s. S. 10).

Das Festjahr

Fast jedes Dorf hat sein eigenes Patronatsfest oder gedenkt eines regional wichtigen geschichtlichen Ereignisses. Hier einige besonders herausragende Festlichkeiten:

April. In *Barcelona* feiert man am 23. Sant Jordi (hl. Georg). Die Correfoc treiben ihr Unwesen zu Ehren des Schutzpatrons von Katalonien. Überall sind Blumen- und Bücherstände aufgebaut.

Mai. Höhepunkt des La Patum-Festes (in der Fronleichnamswoche) in *Berga* ist eine zur Erinnerung an die Reconquista nachgestellte Schlacht zwischen Mauren und Christen.

Juli. Am 28. glänzt der Himmel über *Blanes* voller bunter Sterne. Anläßlich des Stadtfestes treffen sich hier Feuerwerker aus aller Welt zum internationalen Wettbewerb.

August. Nicht entgehen lassen sollten sich *Barcelona*-Besucher das Stadtteilfest in Gràcia um den 15. herum. An der Plaça John Lennon oder der Plaça del Diamant trifft sich das alternative Barcelona.

September. Ganz ausgelassen ist Barcelona am Tag der Stadtheiligen La Mercè, dem 24. Gegants ziehen durch die Stadt, und vor dem Rathaus baut man Menschentürme. Einen Tag vorher steht *Tarragona* kopf beim Fest seiner Stadtpatronin, der hl. Thekla.

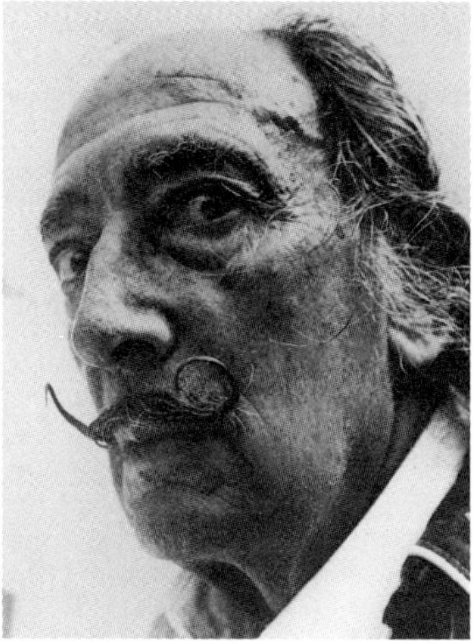

Verwurzelt in Katalonien: Salvador Dalí, ein exzentrischer Künstler, der die Moderne geprägt hat

Antoni Tàpies – Barcelonas Vorzeigekünstler Nr. 1

Er hat ein Haus in den „Bergen der Weisheit", dem Montseny vor den Toren der Großstadt. *Seny* läßt sich freilich auch mit Geschäftssinn übersetzen, und den besitzt Tàpies (*1923) zur Genüge. Er wird in New York genauso ausgestellt wie in Tokio, in Barcelona ist er sogar permanent präsent. Denn er besitzt schon zu Lebzeiten ein eigenes Museum. Das hat vor ihm in seiner Heimat nur sein Vorbild Miró geschafft.

Mit ihm gemeinsam hat er den Wunsch nach dem Dialog mit dem Material, aus dem immer wieder neue, überraschende Formen und Wendungen sich gestalten. In der Tat ist es beeindruckend nachzuvollziehen, wie bei Tàpies die Werke entstehen: Beispielsweise befeuchtet er eine Leinwand mit Öl, legt sie auf den Boden und gibt dann Sand darauf, Farben, Stoffe, Holzstücke etc. So entsteht kein Bild im klassischen Sinne, sondern ein mehrschichtiges Relief, das je nach Blickwinkel andere Schatten erzeugt und Rätsel aufgibt. Immer wieder tauchen in den Werken mystische Zeichen und Formeln auf wie das Kreuz, Buchstaben und Zahlen. Aus seiner Vorliebe für die asiatische Philosophie macht der Meister keinen Hehl und er bekennt sich auch zu seiner Geburtsstadt Barcelona als Lehrmeisterin: „... ich war immer zutiefst beeindruckt von den Mauern in Barcelona. Ihre Risse, Flecken, Einschußlöcher und Graffitis erzählen Geschichten und beflügeln die Phantasie."

Einen hervorragenden Einblick in das umfangreiche Werk des abstrakten Künstlers erhält man in der *Fundació Antoni Tàpies*, in Barcelona, Carrer Aragó, 255. Schon von weitem erkennt man den Stahldraht auf dem Dach des Jugendstilhauses, das früher einen Verlag beherbergte. Im lichtdurchfluteten Inneren ist u. a. auch die Privatbibliothek des Meisters zu besichtigen (🕓 Di–So 11–20 Uhr).

Katalanische Küche

Die katalanische Küche wurzelt zum einen in der eher deftigen Hausmannskost der Bauern – mit Würsten, Wildbret, Schweineschmalz, Olivenöl –, zum anderen im überreichen Angebot des Meeres (Tintenfisch, viele Fisch- und Langustensorten). Daß die feine Kochkunst in Katalonien Tradition hat, beweist das „Llibre de Coch" des Küchenmeisters Rupert de Nola (1490). Historische Einflüsse sorgten für eine Bereicherung der landesüblichen Kost um spezielle Zutaten, beispielsweise den Reis *(arròs)*, der wesentlicher Bestandteil einer *Paella* ist; dieses Pfannengericht wurde ursprünglich in der Gegend von València kreiert.

Hinweis: In Katalonien ißt man später als in Mitteleuropa – mittags zwischen 14 und 17 Uhr, abends zwischen 21 und 24 Uhr. Die preiswerteste Art zu speisen ist ein Tagesmenü *(menu del día)*; es besteht meist aus drei Gängen plus Getränk.

Vorspeisen (entremèses)

Sehr erfrischend sind verschiedene Salate, z. B. *esqueixada* aus Tomaten, Zwiebeln und Bohnen mit zerrupftem Stockfisch garniert oder *amanida catalana*, grüner Salat mit Wurst und Schinken als Beilage. Aus Sitges kommt *xató*, ein Salat mit Sardellen, Thunfisch und einer scharfen Soße. Zum Salat sowie zu Meeresfrüchten ißt man *pa amb tomàquet*, eine Scheibe Weißbrot, bestrichen mit Olivenöl, Knoblauch und einer aufgeschnittenen Tomate. Wer Deftiges liebt, wird die besonders in den Bergregionen beliebten *mongetes amb botifarra*, gebratene Schweinswürste auf in Schweineschmalz gesottenen weißen Bohnen, nicht nur einmal essen.

Hauptspeisen (plat principal)

In erster Linie sind hier die Fischgerichte zu empfehlen: *Sarsuela de mariscos*, eine gemischte Platte gebratener Meeresfrüchte, oder etwa der Fischeintopf *susquet de paix;* Langusten und Krabben ißt man *a la plancha*, d. h. gebraten, oder *a la marinera*, gedünstet und mit *Allioli* oder *Romesco* (s. u.) verfeinert.

Reine Fleischgerichte sind *conill* (Kaninchen) mit den unterschiedlichsten Beilagen, sogar mit *cargols* (Muscheln), oder *pollastre* (Huhn), das manchmal in unglaublichen Zusammenstellungen serviert wird, z. B. als *elagost amb pollastre* – Langusten mit Huhn und Schokoladensauce! Weniger ausgefallen sind die Bauernspeisen *escudella de pagès* (Gemüse- und Fleischeintopf) und *porc amb ceps* (Schweinshaxe).

Soßen (salsas)

Vier Soßentypen bilden ein Charakteristikum der katalanischen Küche: *Allioli*, eine Mischung aus Knoblauch und Olivenöl, wird meist kalt gegessen. Grundbestandteile der *Romesco* sind Olivenöl, zerstoßene Peperoni, Mandeln und Knoblauch. Für die sämige *Picada* werden Öl, Mandeln und oft auch Haselnüsse, Knoblauch, Petersilie und geröstetes Brot in einem Mörser zerkleinert. Immer warm serviert wird *Sofregit*, bestehend aus angedünsteten Zwiebeln, Tomaten und Knoblauch.

Nachspeisen (postres)

Die maurische Vorliebe für Süßes schlägt bei den katalanischen Nachspeisen noch durch. Eine beliebte Kalorienbombe ist die *crema catalana*, ein delikater Pudding aus Eiern, Milch und viel Zucker. Oder *menjar blanc*, eine Süßspeise aus gehackten Mandeln und Milch. Man kann natürlich auch auf die vielen einheimischen (Ziegen- und Schafs-)Käsesorten zurückgreifen. In Restaurants der unteren Preisklasse werden oft Joghurt oder Früchte zum Nachtisch gereicht.

Getränke

Sehr empfehlenswert ist das große Angebot an katalanischen Weinen. Es gibt in Katalonien acht offizielle Anbaugebiete, hier eine Auswahl: ein empfehlenswerter roter Tischwein ist der *Priorato* aus der Region Tarragona. Gute Weißweine, wie der *Falset* kommen ebenfalls von dort oder aus *Alella*. Aus der Gegend von Penedès stammt der Roséwein *Trepat*. Die Sonne der Costa Brava verleiht dem *Garnatxa* fruchtige Süße. Preiswerter, aber oft vorzüglich, sind die Hausweine *(vi de casa)*, die es in fast jedem Restaurant gibt.

Zunehmender Beliebtheit erfreut sich das Bier *(cerveja)*. Kaffee trinkt man als Expresso schwarz *(café solo)*, mit wenig Milch *(cortat)*, mit viel Milch *(amb llet)* oder mit Wasser verdünnt *(café americano)*; mit Rum flambiert heißt er *cremat*.

Lukullische Genüsse an der Costa Brava: Fisch und Meeresfrüchte

Champagner heißt hier Cava!

Nur ca. 50 km entfernt von Barcelona liegt Kataloniens Hauptstadt des Perlweins, *Sant Sadurní d'Anoia*. Noch vor hundertfünfzig Jahren war der Ort ein ruhiges Nest, in dem die Winzer einen zwar feinen, aber recht unbekannten Tropfen kelterten und ihre Feste alleine feierten. Das änderte sich schlagartig, als Weingutbesitzer Josep Raventós i Domènech eine Reise nach Frankreich unternahm und auch bei Dom Perignon in der Champagne vorbeischaute. Tief beeindruckt von der dort praktizierten „méthode champenoise" begann er, selbst Sekt herzustellen.

Champagner durfte er sein vorzüglich geratenes Produkt nicht nennen, dafür sorgten die Franzosen mit ihrer strikten Copyright-Politik. Unter dem Markennamen *Cava* hat sich der katalanische Sekt inzwischen einen guten Ruf erworben. Die Etiketten von Codorníu, Rondel oder Freixenet sind heute Sekttrinkern in aller Welt geläufig.

Sant Sadurní ist längst kein verschlafenes Dorf mehr. Probierstuben und Fabriken wechseln im Ortsbild einander ab, der Cava-Rummel ist nicht zu übersehen. Nach wie vor ein Erlebnis ist ein Besuch der *Can Codorníu*. Das Stammhaus der Familie Raventós, Ende des letzten Jahrhunderts von dem Jugendstilarchitekten Puig i Cadafalch erbaut, erinnert an den aufgehenden Stern des Cava.

Übrigens: In der Nachbarschaft wartet *Vilafranca del Penedès* auf Weinfreunde. Von hier kommen all die guten Tropfen mit der geschützten Herkunftsbezeichnung *penedès*. Besuchen sie doch einmal das Weinmuseum *(Museu del Vi)* oder lassen Sie sich einen der berühmten Weine der Familie Torres munden. Aber geben Sie acht: der hier verbreitete Brauch, sich den Rebensaft aus Schnabelflaschen (borrones) in den Mund spritzen zu lassen, bedarf einiger Übung!

Urlaub aktiv

Immer mehr Urlauber wollen „die schönste Zeit des Jahres" nicht nur faul am Strand verbringen, sondern sich auch sportlich betätigen. Katalonien bietet dafür nahezu unbegrenzte Möglichkeiten und hat auch die landschaftlichen Voraussetzungen, alle Wünsche zu befriedigen. Wer's ruhig liebt, findet beschauliche Plätze zum Angeln oder Wandern, dem Abenteurer stehen fast alle Tore offen: Er kann wilde Flüsse besiegen, aus dem Hubschrauber in den Tiefschnee abspringen oder sich am Gummiseil von Brücken stürzen.

Segeln/Wassersport

Die Küste ist Kataloniens Anziehungspunkt Nr. 1 und dank niedrigen Seegangs und des milden Klimas ein Dorado für Wassersportler. Windsurfer kommen besonders an der nördlichen Costa Brava auf ihre Kosten. Der *garbí,* ein feuchter südöstlicher Wind bläht die Segel, erzeugt aber nur kurze gleichmäßige Wellen. Wasserski- und Wasserskooterfahren gehören zum Standardangebot der großen Küstenorte, an der Platja d'Aro z. B. können sich Wagemutige auch am Fallschirm hinterm Motorboot herziehen lassen.

Taucher und Schnorchler zieht es in die felsigen Regionen der Costa Brava sowie zu den interessanten Tauchgründen der * *Illes Medes* bei L'Estartit. Kinder und junggebliebene Erwachsene können sich in den zahlreichen *Aquatic Parcs* an der Küste austoben, heißen sie nun Aquabrava wie in Roses oder Water World wie in Lloret de Mar.

Mehr als 40 hervorragend ausgebaute Häfen harren der Segler, alle mit hohem Komfort ausgestattet – vom kleinsten in Portbou (44 Liegeplätze) bis zum größten in Santa Margarida (1100 Liegeplätze). Der neueste Hafen, der Port Olímpic in Barcelona, ist eine Attraktion für sich. Müde Schiffsleute kommen hier kaum zur Ruhe, da die umliegenden Bars und Restaurants bis in die frühen Morgenstunden lärmende Fröhlichkeit verbreiten. Über die Anlegestellen informiert die Associació Catalana de Ports Esportius i Turístics, C. Provenca, 385, 08025 Barcelona, ☏ (93) 4 58 41 01, FAX 4 58 41 02.

Golf

Spanische Golfer, wie zum Beispiel Sevillano Ballesteros, haben einen guten Ruf. Nicht zuletzt verdanken sie ihr Können den hervorragenden Greens in Katalonien. Seit 1914 spielt man hier Golf, mehr als 30 Plätze stehen zur Verfügung. Auskünfte erteilt die Federació Catalana de Golf, Aribau, 282, 08006 Barcelona, ☏ 4 14 52 62, FAX 2 02 25 40.

Skifahren

Die Pyrenäen sind ein Skiparadies ersten Ranges. Sei es nun das traditionelle Skigebiet La Molina, oder das durch den jährlichen Besuch der königlichen Familie ins Rampenlicht geratetene Skigebiet von Baqueira-Beret, der Brettlfan wird nichts missen.

Alle 18 Wintersportzentren Kataloniens sind gut ausgebaut und bieten attraktive Pisten (z. B. 98 Pisten allein im Vall de Núria) und Langlaufloipen (z. B. im Vall d'Aran). Informationen sowie die neuesten Wetter- und Schneeberichte erhält man bei der Associació Catalana d'Estacions d'Esquí i Activitats de Muntanya, Torrent de l'Olla, 191, 08021 Barcelona, ☏ 4 16 09 09, FAX 2 17 46 80.

Angeln

Die Bäche und Seen der Pyrenäenausläufer sind ein Traum für jeden Angler. Angelscheine kann man in der Regel bei den regionalen Tourismusbehörden erwerben. Auskünfte erteilt die Federació Catalana de Pesca, Av. Madrid, 118, 08028 Barcelona, ☏ 3 30 48 18.

Wandern

3000 km gekennzeichneter Wanderwege stehen dem Interessierten zur Verfügung. Die Broschüre *Catalunya En Chemins* (bei Fremdenverkehrsämtern erhältlich) beschreibt den größten Teil der fast 100 Wanderwege entlang der Küste, aber auch in den Bergen. Für weitere Auskünfte wende man sich an die Federació d'Entitas Excursionistes de Catalunya, Rambla, 61, 08002 Barcelona, ☎ 4 12 07 77 oder die Senders de Catalunya, Passeig de Gràcia, 112, 08008 Barcelona, ☎ 4 12 07 77.

Auf mehrtägige Wanderungen in den Pyrenäen für Gruppen, Familien oder Jugendliche hat sich u. a. „Natura Tour", geleitet von dem Deutschen Harry Ebinger in Puigdàlber, spezialisiert. Deutsche Kontaktadresse: Schulweg 3, 34314 Espenau/Kassel, ☎ (0 56 73) 13 27, FAX (05 61) 87 28 08.

Gelegenheiten zum Sportfischen gibt es genug

Abenteuer

Anhänger abenteuerlicher Sportaktivitäten entdecken in Katalonien spezielle Möglichkeiten. So entwickelt sich die Region um den *Riu Noguera* immer mehr zu einem Zentrum für den Rafting-, Kajak- und Kanu-Sport. Anreiseorte sind Sort (s. S. 76) und Rialp; die Fremdenverkehrsämter sowie wie die Federaciò Catalana Piragüisme, Av. Madrid, 118, 08028 Barcelona, ☎ (93) 3 30 44 48, informieren gerne.

Sporthafen in Palamós

Mountainbiker finden in den Vorpyrenäen optimale Trainingsvoraussetzungen. Bei konkreteren Fragen kann u. a. die Federaciò Catalana de Ciclisme, C. Fontanella, 11, 08010 Barcelona, ☎ (93) 3 01 24 44, weiterhelfen.

Angebote für Paragliding, Bungee Jumping, Paraskiing und andere ausgefallene Sportarten machen viele Privatunternehmer, aber auch örtliche Fremdenverkehrsämter.

Andorra lockt mit der Caldea-Therme in Escaldes-Engordany

Reich an Reservaten

Eine Reihe herrlicher Naturparks, in 1- oder 2-Tages-Reisen auch von der Küste her gut erreichbar, lädt zum Entdecken der Vielfalt katalanischer Landschaftsformen ein. Weil sie sich gut als selbständige Ausflugsziele eignen, sollen die bedeutendsten nachfolgend vorgestellt werden.

** Aigües Tortes

Mitten in den Hochpyrenäen liegt dieser 5240 ha große Nationalpark, einer von neun in Spanien und der einzige in Katalonien. Ausgangspunkte für Erkundungen des nur mit dem Jeep befahrbaren Parks sind entweder *Barruera* (s. S. 78) oder *Espot* (s. S. 76). Der Nationalpark ist ein Traum für Wanderer und Bergsteiger. Umgeben von fast 3000 m hohen Gipfeln winden sich Bäche durch die romantischen Täler mit ausgedehnten Kiefern- und Tannenwäldern. Wanderrouten führen zu den vielen Seen des Parks, von denen der ** *Estany de Sant Maurici* der größte ist, sowie zu den vier Berghütten (mit Übernachtungsmöglichkeit).

Der Nationalpark ist nur von Ende Mai bis Ende Oktober problemlos zugänglich. In der übrigen Jahreszeit ist mit widrigen Witterungsverhältnissen zu rechnen; eine Nachfrage bei den zuständigen Stellen vor dem Besuch ist ratsam. Für Übernachtungen empfehlen sich die umliegenden Orte.

🛈 Parkverwaltung in *Lleida*, Carrer Camp de Mart, 35, ☏ (9 73) 24 66 50.

* Aiguamolls de l'Empordà

Dieser kleine Naturpark erstreckt sich an der Costa Brava zwischen den Mündungsgebieten der Flüsse Muga im Nordosten und Fluvià im Süden. Das Marschland (*aiguamolls* heißt „seichtes Wasser") wird durch die Touristensiedlung *Empúria Brava* (s. S. 42) in zwei Teile geteilt. An den Ufern kleiner Seen und unzähliger Kanäle tummeln sich auf 4000 ha zahlreiche Enten- und Reiherarten, Weißstörche, die hier wieder seßhaft gemacht werden sollen, Kiebitze und Stelzvögel sowie allerlei kleine Singvogelarten. Entlang der ausgeschilderten Wanderwege begegnet man der typischen Flora salzhaltiger Feuchtgebiete.

🛈 Informationsbüro *El Cortalet*, Castelló d'Empúries, ☏ (9 72) 25 03 22.

Cadí-Moixeró

Die zwei namengebenden Gebirgszüge gehören zu den Vorpyrenäen; höchster Berg ist der Puig de la Canal Baridana mit 2648 m. Das rund 41 000 ha große Naturschutzgebiet wird durch den *Túnel del Cadí* in eine westliche und eine östliche Hälfte geteilt. Im bizarren Kalksteinmassiv, das im Norden steil zum Tal des Riu Segre hin abfällt, entführen ausgedehnte Wanderwege in eine weitgehend intakte Natur (alpine Flora und Fauna, z. B. Wacholder und Rhododendron, Steinadler und Gemsen); Jagd- und Skifahrmöglichkeiten. Neun Berghütten dienen Wanderern und Bergsteigern als Anlaufstellen.

Als Ausgangsort zum Besuch dieses Naturparks, der nur von Anfang Mai bis Mitte Oktober schnee- und eisfrei ist, bietet sich *Bagà* an der C 1411 an.

🛈 Informationsstellen in den Rathäusern von *Bellver de Cerdanya*, ☏ (9 73) 51 00 16, *Tuixén*, ☏ 37 00 30, und *La Seu d'Urgell*, ☏ 35 00 10, sowie am *Túnel del Cadí* und in *Bagà*, Av. del Districte Forestal.

** Delta de l'Ebre

Mit 320 km² Ausdehnung ist dieses Feuchtgebiet an der Costa Daurada nach der Camargue das größte im westlichen Mittelmeerraum. Hier im Mündungsbereich des Ebre hat sich eine spezifische Pflanzen- und Tierwelt entwickelt. Man findet allein über 500 Pflanzenarten, die u. a. auf stark salzhaltigem, sandigem Untergrund gedeihen. In erster Linie ist das Delta jedoch ein Vogelparadies. Über 300 Vogelarten sind als ständige Bewohner registriert, darunter Kormorane, Flamingos und eine Vielzahl von Reiher-, Seeschwalben- und Möwenarten.

Im Osten des Naturschutzgebiets erstrecken sich kilometerlange, breite Sandstrände, informieren eine Ökostation und ein vogelkundliches Museum an der *Laguna d'Escanyissada*. Deltebre (s. S. 62) eignet sich als Standort für Erkundungen. Unbedingt Kartenmaterial besorgen!

🛈 Informationszentrum in Deltebre, Ulldecona, 22, ☎ (9 77) 48 96 79.

In den Hochpyrenäen gelegen: der Nationalpark Aigües Tortes

Zona Volcànica de la Garrotxa

Eine Bürgerbewegung sorgte dafür, daß das durch den Tagebau von Basaltgestein und Tonerde bedrohte Vulkangebiet um die Städte *Santa Pau* und *Olot* 1982 unter Naturschutz gestellt wurde. In der extrem waldreichen Hochebene, die bis auf 1000 m ansteigt, finden sich zahlreiche Zeugnisse der über 11 000 Jahre zurückliegenden eruptiven Vergangenheit: 30 guterhaltene Vulkankegel, zahlreiche Maare, wie der Krater Santa Margarida bei Olot, viele Quellen, beeindruckende Täler, die die Nebenflüsse des Riu Fluvià und des Riu Ter in das Basaltgestein gegraben haben. Die ausgedehnten Wälder (vornehmlich Steineichen, Loheichen, Buchen und Erlen) und kleinen Seen bieten neben zahlreichen Pflanzenarten (man hat über 1500 Arten gezählt) Lurchen und Molchen, außerordentlich vielen Schmetterlings- und Käferarten, Nieder- und Dammwild sowie Habichten, Falken und Adlern optimale Lebensbedingungen. – Unterkünfte in Olot (s. S. 68).

🛈 Informationszentrum *Casal dels Volcans* in Olot, Av. de Santa Coloma, ☎ (9 72) 26 62 02.

Die Naturparks sichern auch der Vogelwelt einen geschützten Lebensraum

Unterkunft

Katalonien ist mit Hotels und Unterkünften aller Art reich bestückt. Informationsmaterial über Hotels und andere Unterkünfte (Adressen, Preis und Kategorie) erhält man bei den Spanischen Fremdenverkehrsämtern (s. S. 93) sowie den regionalen Fremdenverkehrsämtern.

Hotels, Gasthöfe, Pensionen

Die Spanier unterscheiden folgende Kategorien: *Hoteles* (Hotels; von einem bis fünf Sternen); *Hoteles-Apartamentos* (hotelartige Appartements, Bungalows u. ä.; von einem bis vier Sternen); *Hostales* (den deutschen Gasthöfen vergleichbar; von einem bis drei Sternen), *Pensiones* (den Hostales vergleichbare Betriebe). Der Zusatz *Residencia* entspricht dem deutschen „garni“. Zudem gibt es staatliche Beherbergungsbetriebe *(Paradores Nacionales, PN)*, die meist in landschaftlich besonders reizvollen Gebieten liegen bzw. dort, wo es wenig andere Unterkunftsmöglichkeiten gibt. Die Paradores, oft in alten Burgen, Palästen oder Klöstern eingerichtet, sind Luxushotels mit allem Komfort.

Vertretung in Deutschland: Ibero Hotel-Reservierung, Steinstr. 21, 40210 D-Düsseldorf, ☎ 02 11/8 64 15 20.

Die Preise für Zimmer und Verpflegung variieren in den einzelnen Kategorien selbst innerhalb eines Ortes. In der Nebensaison sind die Übernachtungspreise erheblich niedriger und Reservierungen im Gegensatz zur Hauptsaison in der Regel nicht notwendig.

Unsere Preise beziehen sich auf ein Doppelzimmer mit Dusche/Bad ohne IVA (Mehrwertsteuer):
($) bis 6000 Ptas;
($$) 6000 bis 12 000 Ptas;
($$$) über 12 000 Ptas.

Tip: Falls einmal der Fall eintritt, daß Sie sich beschweren wollen, verlangen Sie das Formular „Fulls Officials de Reclamació“, das jedes Hotel bereithalten muß!

Jugendherbergen

Sind oft nur von Juli bis August geöffnet. Gäste bis 26 Jahre werden bevorzugt. Ein aktuelles Verzeichnis erhält man bei:

Hauptverband für Jugendherbergen, Bismarckstr. 8, D-32756 Detmold, oder Red Española de Albergues Juveniles, José Ortega y Gasset, 71, E-28006 Madrid, ☎ (91) 3 47 77 00.

Camping

Bei den regionalen Fremdenverkehrsämtern und im Buchhandel (Preis: ca. 700 Ptas) gibt es ein Verzeichnis der über 3000 Campingplätze in Katalonien, geordnet nach 3 Kategorien. Einen Campingführer in deutscher Sprache sowie eine Karte mit allen Campingplätzen erhält man beim ADAC. Kategorie und Preisliste sind am Eingang eines Campingplatzes angeschlagen. Personen unter 16 Jahren werden nur in Begleitung von Erwachsenen zugelassen. Selbst bei kategoriegleichen Plätzen sind die Preise unterschiedlich. Viele Campingplätze sind mit festen Unterkünften ausgestattet.

Ferien auf dem Bauernhof

Besonders im Landesinneren und im Pyrenäenvorland hat sich diese Art des Urlaubs mittlerweile etabliert. Auskunft/Buchung: *TURISVERD*, Pl. de Sant Josep Oriol, 4, E-08002 Barcelona, ☎ (93) 3 01 17 40, Fax (93) 3 17 30 05.

Kurbäder: Im Buchhandel und bei den Fremdenverkehrsämtern gibt es auch ein Verzeichnis der zahlreichen Kurbäder Kataloniens.

Girona: Am Ufer des Riu Onyar

Reisewege und Verkehrsmittel

Anreise

Mit dem Pkw: Die bevorzugte Autoroute nach Spanien führt über Lyon; von dort geht es über Valence und Perpignan weiter nach Katalonien. Wer Zeit hat, benutze die gutausgebauten französischen Nationalstraßen: Man kann die Landschaft genießen und spart obendrein Geld (hohe Autobahngebühren in Frankreich und in Spanien). Angesichts der langen Reisewege empfiehlt sich die Benutzung der Autoreisezüge (bis Avignon oder Narbonne).

Mit dem Bus: Von zahlreichen deutschen Städten aus gibt es ganzjährig direkte Europabus-Verbindungen nach Barcelona, Lloret de Mar u. a. Auskunft bei der Deutschen Touring GmbH, Am Römerhof 17, D-60486 Frankfurt/M., ☏ (0 69) 79 03-2 42.

Mit der Bahn: Die Hauptstrecke nach Katalonien führt über Basel, Genf, Lyon und Cerbère/Port Bou nach Barcelona (Nachtzüge mit Liege- oder Schlafwagen). Ein Beispiel: Die Fahrt Frankfurt/M.–Barcelona dauert ca. 19 Std. und kostet 400 DM (hin und zurück).

Mit dem Flugzeug: Internationale Flughäfen gibt es in Barcelona, Gerona und Reus (Tarragona). Die Linienfluggesellschaften Iberia und Lufthansa bieten auch günstige Sondertarife an. Über die genauen Bedingungen und über Charterflüge informiere man sich im Reisebüro.

Unterwegs in Katalonien

Bei einem Bahnwegenetz von über 1500 km und gut ausgebauten Straßen läßt sich Katalonien prima mit dem *Zug* oder dem *Bus* erkunden. Die Kosten liegen erheblich unter denen in Deutschland. Allerdings ist die Frequenz der Züge niedriger, an Wochenenden sind die Züge voll.

Mit dem *Pkw* ist man natürlich unabhängiger, besonders im nicht so dicht besiedelten Hinterland. Allerdings sollte man nicht das leidige Parkplatzproblem vergessen. In Barcelona schlägt eine Pkw-Übernachtung im Parkhaus mit mindestens 25 DM/Nacht zu Buche.

Autofahrer benötigen den nationalen Führerschein, den Fahrzeugschein sowie die internationale grüne Versicherungskarte. Am Fahrzeug muß das Nationalitätskennzeichen angebracht sein. Auf den wichtigsten Straßen und in großen Städten sind die blau-gelben Straßenwachtfahrzeuge des RACC (Reial Automòbil Club de Catalunya) im Einsatz.

Die spanischen *Verkehrsregeln* unterscheiden sich nicht wesentlich von den deutschen; es besteht Anschnallpflicht, die Promillegrenze liegt bei 0,8. Die Höchstgeschwindigkeit beträgt innerorts 50 km/h, außerorts 90 km/h, auf Nationalstraßen 100 km/h, auf Autobahnen 120 km/h; Pkw mit Anhänger 70 km/h, auf Kraftfahrstraßen und Autobahnen 80 km/h. Abschleppen durch Privatautos ist verboten! – *Achtung:* bei Verstößen drohen hohe Bußgelder!

Mietwagen bieten internationale wie lokale Autovermietungen an. In jedem Fall sollte man sich erkundigen, ob der Wagen gegen selbstverursachte Schäden bzw. Drittschäden Unbekannter versichert ist. Ein Mindestalter von 19–21 Jahren (je nach Firma) wird vorausgesetzt; der Führerschein muß vor mehr als einem Jahr ausgestellt worden sein. Die Preise für Mietwagen entsprechen denen in Deutschland, allerdings kann man in der Nebensaison und an Wochenenden preisgünstiger mieten.

Mitfahrzentralen gibt es in den großen Städten, Information bei Barnastop, Barcelona, Sant Ramón, 29, ☏ 4 43 06 32.

*** Barcelona

Auf dem Montjuïc liegen Barcelonas olympische Sportstätten

Mi guapa

Schön (guapa) ist sie ohne Zweifel, die Hauptstadt Kataloniens, die sich gern das spanische Tor nach Europa nennt. In der malerisch an einer Bucht gelegenen Metropole leben und arbeiten die Hälfte der 6 Millionen Katalanen (Innenstadt 1,8 Mio. Einw.; Großraum 3 Mio.).

An Wirtschaftskraft hat Barcelona mittlerweile die größte Stadt Spaniens, Madrid, überholt. Hafen und Flughafen sind Drehkreuze des internationalen Fracht- und Passagierverkehrs, doch auch die Universität und das kulturelle Angebot mit beispielsweise über 50 Museen genießen einen erstklassigen Ruf.

Dürfen bei keinem festlichen Umzug fehlen: die Gegants

Geschichte

Immer stand die einer Legende nach vom Vater Hannibals, Hamilkar Barkas (daher der Name Barcelona), gegründete Hauptstadt im Brennpunkt aller politischen, sozialen und künstlerischen Entwicklungen in Katalonien; insofern ist ihre Geschichte untrennbar mit derjenigen der Grafschaft bis hin zur heutigen Autonomen Region verknüpft (s. S. 12 f). Obgleich kriegerische Zerstörungen sie meist schlimmer als andere Orte trafen, ging von ihr ständig neue Kraft aus, gab sie Impulse zu Innovationen.

Hafenansicht von Barcelona

Als Spiegel der Stadt- und Baugeschichte sind vor allem die *Altstadt* rund um die ** *Rambla* und das ** *Barri Gòtic* zu nennen. Hier werden römische, maurische und besonders Einflüsse aus der Hochzeit Kataloniens (13.–15. Jh.) auf die Stadtentwicklung sichtbar, als Barcelona zeitweise Königssitz war. Ein eindrucksvolles Zeugnis für das Wiederaufstreben *(Renaixença)* der Stadt nach ihrem Fall in die Bedeutungslosigkeit unter den kastilischen Königen im 16. Jh. bietet die erst im letzten Jahrhundert entstandene Neustadt mit ihren unzähligen Jugendstilbauten.

Weg 1

Die ** Rambla und der Hafen

Ein Muß für jeden Barcelona-Besucher ist ein Spaziergang über die ** *Rambla,* die 1,2 km lange Flaniermeile in der Altstadt, die sich auf einem zugeschütteten Flußbett von der *Plaça de Catalunya* bis zum Hafen erstreckt. Fast zu jeder Tages- und Nachtzeit versammelt sich auf dem Boulevard ein quirliges buntes Völkergemisch; Blumen, Zeitungen und sogar Vögel und andere Kleintiere werden feilgeboten, Straßentheater findet ohne Eintrittsgebühren statt, man kann sich Karten legen oder auch den Blutdruck messen lassen – hier schlägt das Herz der Stadt. Den oberen Teil des platanenbestandenen Boulevards bildet die *Rambla de Canaletes,* so benannt nach dem gußeisernen Trinkwasserbrunnen, an dem sich nach den Fußballspielen ihres Vereins die Anhänger des F. C. Barcelona versammeln.

Schon an der *Rambla dels Estudis,* auf der früher die Studenten der alten Universität debattierten, liegt rechts das Gebäude des **Teatre Poliorama ❶**, 1883 von Domènech i Estapà erbaut. Der Carrer Pintor Fortuny führt nach Westen in das alte, eher ärmliche Viertel *El Reval* zum **Convent dels Àngels ❷** mit der Zeitungsbibliothek. Die nahe *Casa de la Caritat,* ein ehemaliges Waisenhaus, ist Teil des *Kulturzentrums für zeitgenössische Kunst* mit einem hervorragenden * *Museum* in einem futuristischen Neubau aus Chrom und Glas.

An der Ecke zum Carrer del Carme steht die Jesuitenkirche **Mare Déu Betlem ❸** aus dem 17./18. Jh. (nach 1936 renoviert) und jenseits der Rambla an der Ecke zum Carrer Portaferrissa der **Palau Mojà ❹**, ein Bürgerpalast aus dem 18. Jh. mit schönem Innenhof und einer Buchhandlung, die speziell Publikationen über Katalonien anbietet.

Hier beginnt die *Rambla de Sant Josep,* deren Hauptattraktion neben dem **Palau de la Virreina ❺** („Palast der Vizekönigin", 18. Jh.) der ** **Mercat de Sant Josep ❻** ist. Der Markt, im Volksmund treffend *La Boqueria* („der Schlund") geheißen, verbirgt hinter seiner mächtigen Eisenkonstruktion von 1835 alles, was der Magen begehrt, appetitlich fürs Auge dargeboten: frisches Obst und Gemüse, Fisch und Meeresfrüchte, nicht zu vergessen zwei bekannte Lokale, das „Pinoxo" und das „Gardunya".

An der Plaça Sant Agustí mit einer Kirche aus dem 18. Jh. umgeben die hohen Mauern des **Antic Hospital de la Santa Creu ❼** zwei idyllische Innenhöfe. Während es am Wochenende hier recht still ist, erlebt man sonst universitäre Betriebsamkeit, da in den Hospitalgebäuden des 15.–18. Jhs. die Medizinische Fakultät und die Zentralbibliothek der Universität untergebracht sind.

Das große *Pflastermosaik* von *Joan Miró* und die Casa Bruno Quadras mit ihrer unverwechselbaren, mit Regenschirmen dekorierten Fassade weisen den Weg zum schmalen Carrer Cardenal Casañas. Nach wenigen Metern öffnet er sich auf die beschauliche ** *Plaça del Pi* mit einer gleichnamigen gotischen Kirche. Die Cafés und Bars an dem schattigen Platz sowie der Künstlermarkt am Wochenende zählen zu den beliebtesten Treffpunkten nicht nur der Touristen, auch der Einheimischen.

Von der *Rambla dels Caputxins,* die ihren Namen einem nicht mehr bestehenden Kapuzinerkloster verdankt, zweigt rechts der Carrer Sant Pau ab. Gut 10 Minuten geht man bis zur kleinen romanischen Kirche * **Sant Pau del Camp ❽**, die mit einem Portal von 1120 und einem herrlichen *Kreuzgang prunkt. Der Name verrät, daß sie zu ihrer Entstehungszeit noch außerhalb der Stadtmauern auf dem Felde lag. An der Ecke zum Carrer Sant Pau trifft man auf das **Gran Teatre del Liceu ❾**. Das weltberühmte Opernhaus, Baujahr 1845, mit mehr als 5000 Sitzplätzen war vor allem zu Beginn dieses Jahrhunderts erste Adresse für Opernfans. Nach Zerstörungen durch ein Großfeuer 1994 hofft man auf die baldige Wiedereröffnung.

Als eigenwilligster Bau im Carrer Nou de la Rambla gilt ein frühes Werk von Antoni Gaudí, der * **Palau Güell ❿**. Auf einem nur 18 x 12 m messenden Grundstück hat der Meister des Modernisme für seinen Gönner, den Grafen Güell, 1888 einen Stadtpalast geschaffen, der stilistisch an die Gotik und die Kunst der Mauren erinnert, aber zugleich in seiner raffinierten Innenstruktur ein typisches Gesamtkunstwerk à la Gaudí darstellt.

Die stimmungsvolle * **Plaça Reial** mit ihren Arkadengängen und den Laternen aus Gaudís Werkstatt ist ein beliebtes Forum für Straßenmusiker und Gaukler.

Neben dem * *Museu de Cera* (Wachsfigurenmuseum) sind es an der Rambla de Santa Mònica vor allem die Karten- und Kaffeesatzleser, die Porträtmaler und Wahrsager, die das Publikum anziehen. Jedes Wochenende ist die Rambla Schauplatz eines großen Kunsthandwerksmarkts.

Am Endpunkt der Spaziermeile steht, weithin sichtbar, das **Monument a Colom ⓫**, von dessen Aussichtsplattform man einen weiten Blick über die Seeseite der Stadt genießt. Wohin die Kapitäne von Barcelonas Hafen aus in See stachen und mit welchen Schiffen, das kann man im nahen * *Museu Marítim* erkunden (🕓 Di–Sa 9.30–14, 16 bis 19 Uhr, So/Fei 9–14 Uhr). Oder man begibt sich selbst aufs Wasser in einer der

Auf der Rambla geben sich Straßenkünstler ein Stelldichein

In der Altstadt der 1,8 Mio. Einwohner zählenden Metropole

Das Portal von Sant Pau del Camp

Weg 1

❶ Teatre Poliorama
❷ Convent dels Àngels
❸ Iglesia Mare Déu Betlem
❹ Palau Mojà
❺ Palau de la Virreina
❻ Mercat de Sant Josep
❼ Antic Hospital de la Santa Creu
❽ Sant Pau del Camp
❾ Gran Teatre del Liceu
❿ Palau Güell
⓫ Monument a Colom

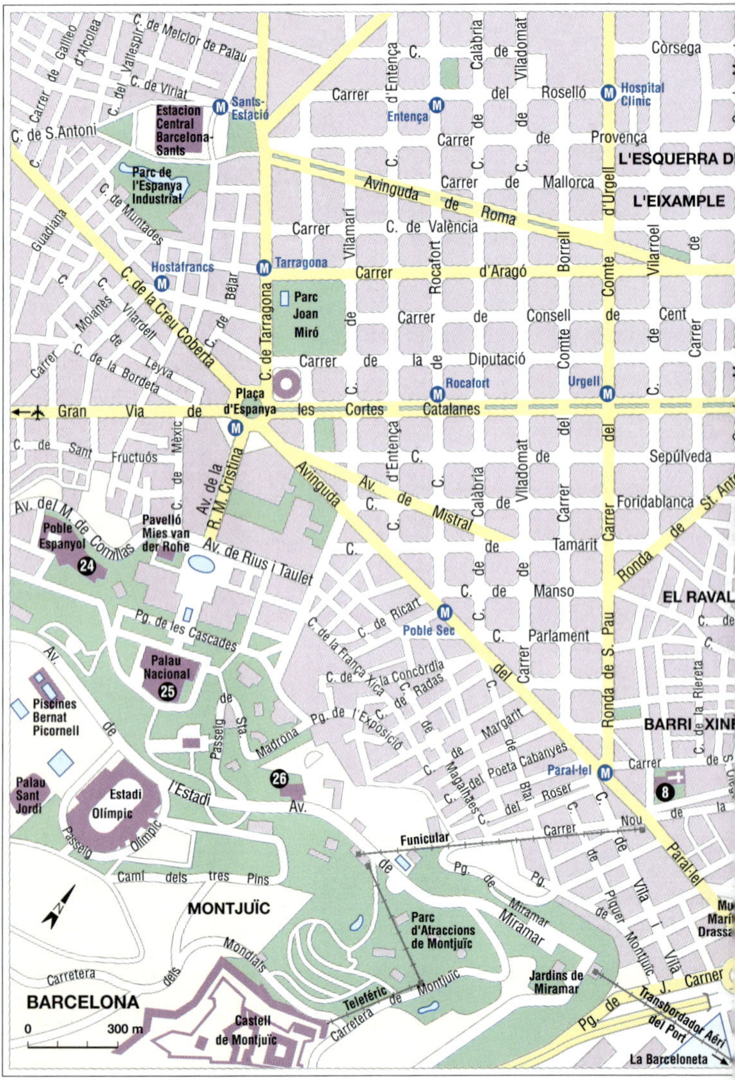

Außerhalb des Rundgangs

- ㉑ Museu d'Art Modern
- ㉒ Santa Maria del Mar
- ㉓ Museu Picasso
- ㉔ Poble Espanyol
- ㉕ Museu d'Art de Catalunya
- ㉖ Fundació Joan Miró
- ㉗ Mançana de la Discòrdia
- ㉘ Fundació Antoni Tàpies
- ㉙ Casa Milà
- ㉚ La Sagrada Família

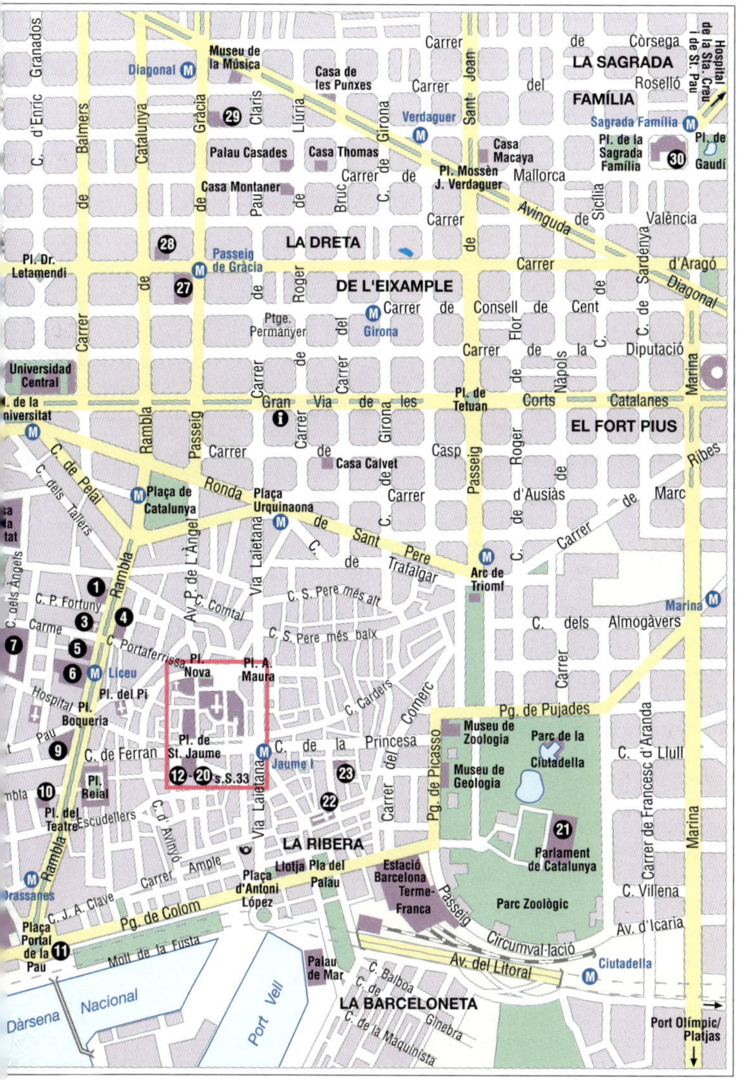

Golondrines (span. Schwalbe); das sind kleine Hafenboote, die von der Hafenpromenade *Moll de la Fusta* zu Hafenrundfahrten ablegen.

Vor dem Gebäude des Hafenamtes hat man ein hölzernes Brückenkunstwerk namens *Rambla de Mar* installiert, das zu dem neugeschaffenen gigantischen Einkaufsmarkt *Maremagnum* führt. Ausstellungsräume, interessante Kneipen, ein Imax-Superkino und Europas größtes Aquarium ergänzen das kommerzielle Angebot. Nördlich schließt sich das Hafenviertel *Port Vell* an mit dem renovierten Palau de Mar (mehrere Gaststätten), dem Jachthafen und einer Promenade, die den Spaziergänger entlang attraktiver Restaurants und Cafés zum atmosphärischen Fischerviertel *Barceloneta* geleitet.

Weg 2

** Barri Gòtic

Jeder Barcelona-Besucher sollte sich wenigstens einen halben Tag Zeit nehmen für einen Bummel durchs Gotische Viertel. Hier, auf dem kleinen Hügel *Mons Taber*, liegen die Anfänge der Metropole; das Barri Gòtic gleicht dem Innersten eines Baumstamms, um das sich die anderen Teile der Stadt wie Jahresringe herumlegen.

Wie zwei riesige Wächter wirken die römischen Türme des *Portal de Bisbe*, durch das man von der Plaça Nova her das historische Viertel betritt. Vorbei am *Palau Episcopal* (Bischofspalast) gelangt man zum Denkmal für die Gefallenen der Napoleonischen Kriege (errichtet 1910) an dem kleinen Platz *Garriga i Bachs*. Von hier aus sind es nur wenige Schritte zur stillen * *Plaça de Sant Felip Neri*. Die Kirche sowie die anderen Gebäude einschließlich des **Museu del Calçat Antic** ⓬ (Schuhmuseum) stammen noch aus dem 17. Jh. Einschußlöcher an den Hauswänden zeugen von öffentlichen Hinrichtungen während des Spanischen Bürgerkrieges.

Die Nordwestseite der Plaça de Sant Jaume beherrscht der **Palau de la Generalitat de Catalunya** ⓭. Der Regierungssitz der katalanischen Regierung besitzt interessante „innere“ Werte: elegante * Höfe aus dem 15. Jh. und prunkvolle Säle.

Gegenüber, kaum weniger imposant, das Rathaus **Casa de la Ciutat** ⓮. Auch hinter dieser Fassade (19. Jh.) verbergen sich eindrucksvolle Räumlichkeiten, die ebenso wie jene im Regierungssitz nur am Wochenende und nach Absprache mit der *Touristeninformation* im Rathaus zu besichtigen sind.

Am Nordende des Platzes beginnt der schmale Carrer Paradís. Hinter der kleinen Tür des Hauses Nr. 10, **Centre Excursionista de Catalunya** ⓯, einem Sport- und Kulturverein, vermutet man kaum die drei grandiosen Säulen eines römischen Augustustempels.

Über die Treppe der mittelalterlichen ** *Plaça del Rei* schritten schon die katalanischen und spanischen Könige hinauf zu ihrem **Palau Reial Major** ⓰. Den Mittelpunkt der Residenz bildete der riesige 35,5 m lange und 17 m breite Thronsaal * *Saló de Tinell* (1356 bis 1370 erbaut). Von seiner Vorhalle aus gelangt man zur Kapelle Santa Àgata (14. Jh.) und in die Räumlichkeiten des * **Museu d'Història de la Ciutat** ⓱. Das große Stadtmuseum zeigt im Kellergeschoß Ausgrabungen aus der römischen Epoche der Stadt sowie in den oberen Stockwerken Ausstellungsstükke späterer Jahrhunderte. 🕓 Di–Sa 10 bis 14, 16–20 Uhr, So 10–14 Uhr.

Im Carrer dels Comtes (neben der Kathedrale) liegen nacheinander der * **Palau del Lloctinent** ⓲ (16. Jh.; Renaissance-Innenhof, Archiv der Krone von Aragón) und das * **Museu Frederic Marés** ⓳. Das auf eine Stiftung des Bildhauers Marés zurückgehende Museum besitzt eine ausgezeichnete Sammlung religiöser und profaner Skulpturen und eine ebenso nette wie kuriose volkskundliche Abteilung, genannt *Museu Sentimental* (3. Stock).

Am Ende der Gasse öffnet sich der Blick zum Kathedralplatz *(Pla de la Seu)*. An seiner Südwestseite befindet sich die **Casa de l'Ardiaca** ⑳. Der spätgotische Wohnsitz des Erzdiakons dient heute als Sitz des Stadtarchivs. Er besitzt einen idyllischen Innenhof mit einem gotischen Brunnen.

Kathedrale (La Seu). Unter Einbeziehung westgotisch-romanischer Vorgängerbauten nahm 1298 bis 1448 der Plan für eine neue Kathedrale der Stadt Gestalt an. Fassade und Kuppel stammen allerdings erst aus dem 19. Jh. Im prachtvollen Inneren des der hl. Eulàlia geweihten Gotteshauses findet man allein 29 Kapellen, deren bekannteste die *Capella del Santíssim* gleich rechts vom Hauptportal ist. Dort wird ein rußgeschwärztes Kruzifix zur Schau gestellt, das der Befehlshaber der christlichen Truppen in der Seeschlacht von Lepanto (1571) bei sich geführt haben soll. Sehr schön ist der mit Schnitzereien reich verzierte Chorraum und der von westgotischen Kapitellen getragene Hauptaltar, unter dem in der *Krypta* ein weißer Marmorsarkophag (1327) die Gebeine der Schutzheiligen birgt. Eulàlia erlitt 304 den Märtyrertod. Durch die *Porta de San Sever* an der Südseite betritt man den * *Kreuzgang*. Wohlhabende Bürger haben sich hier Grabstätten errichten lassen, die heute wie ehedem von Gänsen bewacht werden. Angeblich Eulàlias Unschuld symbolisierend, haben sie traditionell im Innenhof des Kreuzganges ihr Zuhause.

Außerhalb des Rundgangs

* Parc de la Ciutadella – Olympiahafen

Ein etwa dreistündiger Spaziergang zum Stadtpark und zum Olympiahafen mit den vorgelagerten Stränden wird sicher manch verkehrsgestreßtem Barcelonagast guttun. Im * *Parc de la Ciutadella* auf dem Gelände der Mitte des letzten Jahrhunderts geschleiften Zitadelle findet man neben dem sehenswerten Zoo Gebäude und Skulpturen,

„La Seu", 1298–1448 erbaut

Weg 2

- ⑫ Museu del Calçat Antic
- ⑬ Palau de la Generalitat
- ⑭ Casa de la Ciutat
- ⑮ Centre Excursionista de Catalunya
- ⑯ Palau Reial Major
- ⑰ Museu d'Història de la Ciutat
- ⑱ Palau del Lloctinent
- ⑲ Museu Frederic Marés
- ⑳ Casa de l'Ardiaca

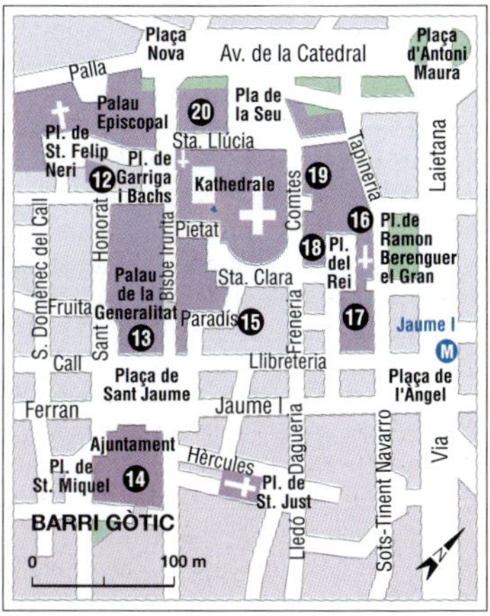

Katalanischer Jugendstil

Der *Modernisme* ist die erste eigenständige katalanische Kunstrichtung. Er imitiert nicht bloß die europäische Jugendstilbewegung, sondern fügt ihr eine Architektur- und Formensprache hinzu, die stark von mediterranen Elementen geprägt ist. Wichtige Impulse dafür gibt die erste Weltausstellung in Barcelona 1888, die den jungen Künstlern quasi eine Tabula Rasa zur Verfügung stellt, auf der sie ihre neuen Ideen ausprobieren können.

Einer von ihnen ist *Antoni Gaudí* (geb. in Reus, 1852–1926), der große Meister des modernistischen Gesamtkunstwerks. Sein Ziel ist eine menschenfreundliche Architektur, die die friedliebende Natur nachahmt. Vom schwungvollen Stuhl bis zum Treppenaufgang in der Form einer Muschelwendel oder den aerodynamisch wie ästhetisch durchkonzipierten Häuserfassaden und Kaminen kommt alles von seinem Zeichenbrett und spiegelt seine mystisch-philosophische Gedankenwelt. Nicht viele in seiner Wahlheimat Barcelona haben ihn zeit seines Lebens verstanden, nach seinem Tod erst pries man seine künstlerischen Leistungen. Man findet in Barcelona Dutzende seiner künstlerischen Hinterlassenschaften; sein größtes Werk, die unvollendet gebliebene Sagrada Família, erhitzt bis heute die Gemüter.

Geometrische Formen dominieren dagegen die Architektur von Gaudís Zeitgenossen *Lluís Domènech i Montaner* (geb. in Barcelona, 1850–1923), während *Josep Puig i Cadafalch* aus Mataró (1867–1957) mittelalterliche Hausformen Mittel- und Nordeuropas als Vorbilder aufgreift.

die zur Weltausstellung von 1888 errichtet wurden und heute teils als Museen genutzt werden, darunter das **Museu d'Art Modern ㉑**.

Vom Park aus sind es wenige Gehminuten zum Stadtteil *La Ribera*, wo nicht nur die vielleicht schönste gotische Kirche der Stadt, ***Santa Maria del Mar ㉒** (ab 1329 innerhalb von nur 50 Jahren erbaut, daher von erstaunlicher Stilreinheit), sondern auch das weltbekannte ****Museu Picasso ㉓** zum Besuch verlocken. In den Räumen ehemaliger Paläste aus dem 13. und 15. Jh. erwartet den Besucher eine Sammlung von über 3600 Arbeiten des Künstlers, der in seiner Jugend in Barcelona studierte (🕓 Di–Sa 10–20, So 10–15 Uhr; C. Montcada, 15–19; Café).

Östlich des Ciutadella-Parks entwickelt sich der *Olympiahafen* mit originellen Kneipen und dem maritimen Ambiente immer mehr zu einem Treffpunkt der Stadtbewohner. Wer baden will, braucht nicht weit gehen: sechs neue Stadtstrände, sauber und gepflegt, bieten den Großstädtern Naherholung am Meer.

Montjuïc

Der 213 m hohe Hügel im Südwesten der Stadt offeriert dem Besucher ein wahres Potpourri der Sehenswürdigkeiten: Bauten, die zur Weltausstellung 1929 entstanden, wie z. B. der **Pavelló Mies van der Rohe* (Nachbau), ein Klassiker der Moderne in Architektur und Innengestaltung, oder das **Poble Espanyol* ㉖ mit einer Auswahl der schönsten Sehenswürdigkeiten Spaniens in maßstabsgerechter Verkleinerung, gut bestückten Kunsthandwerksläden und Spezialitätenlokalen (🕓 Mo 9–20 Uhr, Fr/Sa. 9–4 Uhr, So 9–24 Uhr, sonst 9–3 Uhr); dann ganz oben auf dem Montjuïc die **Sportstätten der Olympischen Spiele 1992:* das *Estadi Olímpic* (die Fassade stammt von 1929, der Rest ist modernste Architektur und Technik), der *Palau Sant Jordí* und das *Schwimmstadion Bernat Picornell.*

Das *** **Museu d'Art de Catalunya** ㉔ erlangte Weltruhm für seine Sammlung romanischer Fresken und Gemälde, wobei auch die gotische Abteilung internationale Vergleiche nicht zu scheuen braucht. 🕓 Versprochen ist eine Wiedereröffnung für Frühjahr 1996, Di–So 9–14 Uhr.

Der Pavelló Mies van der Rohe (1929), ein moderner Klassiker

Eine weitere Hauptattraktion nicht nur für Kunstkenner stellt die ** **Fundació Joan Miró** ㉕ dar. Im lichten Ambiente des Fundació-Gebäudes von 1975 lassen sich die fröhliche Kunst des modernen Meisters (1893–1983) und danach im Patio-Café ein kleiner Imbiß genießen. 🕓 Di, Fr, Sa 11–19, Mi 11–19.30, Do 11–21.30, So 10.30–14.30 Uhr.

Die Casa Milà, eines der drei Mietwohnhäuser, die Gaudí schuf

Höchst unterhaltsam ist zum Schluß eine Fahrt mit dem * *Transbordador Aéri*, der Seilbahn vom Montjuïc aus über das weite Hafenbecken hinweg in das Fischer- und Strandviertel *Barceloneta;* Abfahrt an der Ostseite des Hügels in den Jardins de Miramar, 🕓 Di–So 12–20 Uhr.

Eixample

In die Welt des *Modernisme* taucht man ein bei einem Spaziergang über den * *Passeig de Gràcia*. An keiner Ecke fehlen die Jugendstilbauten. Wirklich staunen läßt jedoch der „Block der Zwietracht“, die ** **Mançana de la Discòrdia** ㉗ zwischen Carrer Consell de Cent und Aragó. Dichtgedrängt stehen hier Werke der in ihrem Stil recht divergierenden Großen Drei des Modernisme: Domènech i Montaner (Nr. 35), Puig i Cadafalch (Nr. 41) und Gaudí (Nr. 43, *Casa Batlló*).

Miró ist im Stadtbild präsent, z. B. mit seiner „Frau mit Vogel“

Nach einem Abstecher in den Carrer Aragó 255 zur *Fundació Antoni Tàpies* ㉘ (s. S. 17) ist das nächste Ziel die * *Casa Milà* ㉙, Passeig de Gràcia 92. Dieses riesige, von Gaudí erbaute Mietshaus ist bis heute wegen seiner unkonventionellen Gebäudeform umstritten, doch erfahren zur Bauzeit revolutionäre Neuheiten wie mobile Wände heute internationale Anerkennung. ⓘ Mo–So Führungen.

Etwa 20 Minuten geht man von hier, z. B. vorbei an schönen Geschäften und Jugendstilbauten durch den C. Mallorca, bis zu *dem* Wahrzeichen Barcelonas, der Kirche ** **Sagrada Família** ㉚. An diesem Monumentalbau arbeitete Gaudí über 20 Jahre lang, und trotzdem erlebte er die Fertigstellung nicht. 1926, als er starb, war gerade ein Teil der Ostfassade mit dem 105 m hohen Barnabasturm (Fahrstuhl, herrliche Aussicht) fertiggestellt. Gaudís gigantische Planungen (15 000 Gläubige sollten in der Basilika Platz finden, der höchste Turm 170 m hoch werden) wurden nach seinem Tod weiter realisiert, aber immer wieder stockte der Weiterbau wegen fehlender Mittel oder künstlerischen Dissenses. Mittlerweile fordern viele Barcelonesen die Einstellung der Arbeiten, um das Erbe Gaudís stilecht zu erhalten. Obwohl unvollendet, ist der Bau überwältigend. Ein kleines Museum unter der Basilika gibt anhand von Modellen und Bauskizzen Einblick in die Entstehungsgeschichte des „Tempels für die Heilige Familie". ⓘ Kirche/Museum Mo bis Sa 9–20 Uhr.

Praktische Hinweise

ⓘ Hauptbahnhof Central-Sants, Pl. Paisos Catalans, 08014 Barcelona, ☎ (93) 4 91 44 31; Gran Via, 658, 08010 Barcelona, ☎ 3 01 74 43, FAX 4 12 25 70; Rathaus, Plaça de Sant Jaume, ☎ 3 02 42 00; Palau de la Virreina, Rambla 90, ☎ 3 01 77 75.

✈ *El Prat;* alle 20 Min. von 6.10 bis 22.50 Uhr Züge ins/ab Zentrum.
🚆 València, Girona, Madrid mit RENFE; Regionalzüge ab Plaça de Catalunya.
🚌 Landesweite Verbindungen; Europabusse.
⛴ Palma de Mallorca, Maó, Eivissa.

Stadtverkehr: Hauptverkehrsmittel sind die vier U-Bahnlinien (Metro) in alle Stadtteile. Daneben gibt es zahlreiche Autobuslinien, auch Nachtbusse. Seil- und Zahnradbahnen fahren zum Tibidabo, Montjuïc und nach Vallvidrera. Zur ersten Orientierung gut: Stadtrundfahrten mit dem *Tourist Bus,* ☎ 3 45 42 21, FAX 3 19 84 16.

Ⓗ Hotels (Auswahl)

Über 160 Hotels warten in Barcelona auf Gäste, darunter allein 46 Viersternehäuser.
Ritz, Gran Via, 668, ☎ 3 18 52 00, FAX 3 17 36 40. Alteingesessenes Nobelhotel für höchste Ansprüche. $$$
Colón, Av. Catedral, 7, ☎ 3 01 14 04, FAX 3 17 29 15. Im Gotischen Viertel, direkt gegenüber der Kathedrale; 145 Zimmer. $$
Cortés, Santa Anna, 25, ☎ 3 7 92 12, FAX 3 02 78 70. Ruhig gelegen, in der Fußgängerzone am Rande der Ramblas. $

Ⓡ Restaurants (Auswahl)

7 Portes, Pg. Isabel II, 14, ☎ 3 19 30 33. Mit 160 Jahren das älteste Restaurant der Stadt und früher wie heute ein Garant erstklassiger katalanischer Küche. $$$
Gambrinus, Moll de la Fusta, ☎ 2 21 96 07. Die Riesenlanguste über der Tür verweist auf Fischspezialitäten. $$
Los Caracoles, Escudellers, 14, ☎ 3 02 31 85. Das renommierteste unter den vielen kleinen Lokalen in den Nebenstraßen der Rambla. Rustikal eingerichtet; in Spitzenzeiten manchmal überlastet. $

Bars (Auswahl):
Samba Brasil, Lepanto, 297; **Café de l'Opera,** Rambla, 74; **Nick Havanna,** Roselló, 208.

Diskotheken/Musikkneipen (Auswahl):
Zeleste, Almogàvers, 122; **Karma,** Plaça Reial; **KGB,** Alegre de Dalt, 55 (Gràcia); **Jazzclub Harlem,** Comt. de Sobradíel, 8.

Ausflüge

Tibidabo – Sant Cugat del Vallès

Man erreicht den Tibidabo (532 m) entweder mit dem Auto über den Carrer de Balmes und die Av. del Tibidabo (ca. 12 km) oder mit der F.C.G.-Bahn ab Plaça de Catalunya bis zur Haltestelle „Tibidabo". Von dort schaukelt einen die letzte noch verkehrende Straßenbahn der Stadt, die *Tramvia Blau* (im Sommer tgl., sonst nur Sa/So/Fei), zur Tibidabo-Zahnradbahn. Die Mühen des Weges belohnt die wirklich grandiose Aussicht, der Blick über das Häusermeer der Großstadt, dahinter das blaue Meer und an sehr klaren Tagen sogar die Silhouette von Mallorca.

Ruhe findet man auf dem Gipfel aber kaum, dafür sorgt der **Parc d'Atraccions.** Insbesondere wenn man mit Kindern unterwegs ist, macht es Spaß, sich in den Rummel des Vergnügungsparks zu stürzen (Eintritt 1800 bzw. 1200 Ptas). Zu den Attraktionen zählt neben den üblichen Fahrgeschäften auch das kleine *Museu dels Autòmats,* in dem man die Spielautomaten aus dem letzten Jahrhundert selbst bedienen kann. 🕓 Im Winter Sa/So/Fei 12 bis 20 Uhr; im Sommer Mo–Fr 16.30 bis 23 Uhr, Sa 18.15–1 Uhr, So/Fei 12 bis 24 Uhr.

Kostenlos ist die Besichtigung der kitschig-schönen Kirche *El Sagrat Cor de Jesús* (1952 fertiggestellt), die in 67 m Höhe von einer bronzenen Christusstatue überragt wird und als Kulisse romantischer Hochzeiten vor allem am Wochenende regen Zulauf hat.

Ist man mit dem Auto unterwegs, so lohnt es sich, nach Westen weiter zu fahren in die Hügellandschaft der *Serra de Collserola.*

Im Zentrum des Städtchens **Sant Cugat del Vallès,** das durch den Zuzug von Barcelonesen rapide wächst (Bahnanschluß!) findet man einige guterhaltene Jugendstilbauten, z. B. die *Casa Lluch,* 1906 erbaut. Besuchermagnet ist freilich das *Kloster.*

Sagrada Familia, Detail des Weihnachtsportals (Ostfassade)

Gaudís Hauptwerk blieb unvollendet

Das Kloster Montserrat ist ein katalanisches Nationalheiligtum

Der 1835 aufgelöste Benediktinerkonvent wurde 897 erstmals urkundlich erwähnt und entstand wahrscheinlich auf den Grundmauern einer römischen Siedlung, in der unter Kaiser Diokletian 304 der Bischof Cucuphas hingerichtet wurde – von ihm leitet sich der Name Cugat ab. Da das Kloster keine überregionale Bedeutung erlangte, überascht die außerordentliche Qualität der 144 Kapitelle des Meisters Catell (um 1190) im romanischen Kreuzgang. Die Klosterkirche (14. Jh.) mit romanischer Hauptapsis enthält einen wertvollen Altar mit einem Allerheiligenbild von Pere Serra (1375) und das Grab des Abtes Otó (14. Jh.).

*Montserrat

Am besten fährt man frühmorgens in Barcelona los, da man dann die Chance hat, das Kloster noch relativ unbehelligt von Touristenmassen besichtigen zu können (A7 Richtung Tarragona; bei Martorell biegt man ab auf die N II Richtung Igualada). Wenige Kilometer nach *Olesa de Mont* sieht man linker Hand die Talstation der Seilbahn zum Kloster Montserrat. Mit dem Auto kann man weiterfahren bis *Monistrol.* Von dem verschlafenen Dorf, das immer wieder von den Massen der Klosterbesucher aufgeschreckt wird, windet sich eine Bergstraße hinauf (8 km) zur Wallfahrtsstätte.

Kloster Montserrat** liegt malerisch eingebettet zwischen den Felsspitzen der *****Serra de Montserrat, was wörtlich zersägter Berg bedeutet. Durch jahrtausendelange Verwitterung erhielten die Gipfel, deren höchster der *Turó de Sant Jeroni* (1235 m) ist, ihre charakteristische Sägezahnform. Die Bauten der Klosteranlage sind größtenteils neuzeitlich, da wesentliche Teile der Anlage 1808 von napoleonischen Truppen niedergebrannt wurden. Einzig das Portal der romanischen Kirche und Reste des gotischen Kreuzgangs blieben erhalten. Das Benediktinerkloster wurde 880 zu Ehren einer Marienstatue gegründet, die man der Sage nach in einer der zahlreichen Höhlen in der Nähe gefunden hatte.

Im Laufe der Jahrhunderte wurde es zu einem wichtigen Wallfahrtsort und ist heute das religiöse Zentrum Kataloniens. 80 Mönche leben hier, verwalten die riesige Bibliothek mit über 200 000 Bänden, ein Hotel und zwei Museen (zu sehen sind u. a. Gemälde katalanischer Maler des 19. und 20. Jhs.). Klassischer Fotoblick von der *Plaça de Santa Maria.* Auf der *Plaça Abat Oliba* bieten Bauern aus dem Umland Honig, Käse und Kräuterlikör an.

Klosterkirche: Durch einen mächtigen Torbau (1942–1968) gelangt man in einen modernen Innenhof, in dem links der Eingang zum Kloster (verschlossen) und der Zugang zu einer „Heiligen Quelle" liegen. Rechts betritt man durch ein großes Portal das Seitenschiff der Kirche (Renaissancestil; 1560–1592). Hoch über dem Altar steht das Gnadenbild der Hl. Maria mit Kind. Ständig warten Pilger in langen Schlangen darauf, die durch den Ruß der Kerzen dunkel gewordene Holzstatue (12. Jh.) berühren zu dürfen. Liebevoll nennt man sie „La Moreneta", die Schwarzbraune. Nicht verpassen sollte man einen Auftritt des klösterlichen Knabenchors, der dreimal täglich (um 11, 13 und 18.45 Uhr) traditionelle Choräle erklingen läßt.

Die reizvolle Umgebung des Klosters bietet hervorragende Möglichkeiten für Wanderungen und Seilbahnfahrten: zur *Ermita Sant Miquel* (45 Min. zu Fuß), zur *Ermita de Sant Joan* (Seilbahn, dann 20. Min. zu Fuß) oder zum Gipfel des *Sant Jeroni* (Seilbahn plus 2 Std. Fußweg oder direkt per Schwebebahn, die ca. 3 km vom Kloster entfernt an der Straße nach Manresa abfährt.

Wer noch Zeit hat besucht auf der Rückfahrt *Martorell* (Teufelsbrücke, zwei interessante Museen mit Kachel- und Keramiksammlungen) und weiter südlich die Weinhochburgen *Vilafranca del Penedès* und *Sant Sadurní d'Anoia* (s. S. 19).

Route 1

1

Seite 45

In der Heimat von Salvador Dalí

Portbou – ** Cadaqués – Figueres (75 km)

Die nördliche Costa Brava, die an der französisch-spanischen Grenze bei Portbou beginnt, gebärdet sich wild und trägt ein zerklüftetes Antlitz. Malerische Buchten lassen sich zum Teil nur zu Fuß oder mit dem Boot erreichen. Der berühmte surrealistische Maler und Performance-Künstler Dalí war ein Kind dieser Region. Überall lassen sich Spuren seines Schaffens finden: sei es in ** Cadaqués, einem malerisch gelegenen Fischerort, der auch andere Prominente in seinen Bann zog, oder in Figueres, wo ein eindrucksvolles ** Museum an den weltbekannten Sohn der Stadt erinnert. Zur Erkundung dieses Gebietes, das zur Comarca Alt Empordà gehört, sollte man sich eine Woche Zeit nehmen.

Direkt hinter der Grenze eröffnet sich vom höchsten Punkt des *Col des Balitres* (173 m) aus ein herrlicher Blick auf die Bucht von **Portbou.** Das Bild der Kleinstadt (2400 Einw.) wird ein wenig beeinträchtigt durch die riesigen Anlagen der Bahnstation, die sich an den Hängen oberhalb des Ortes erstrecken. Bis in die 80er Jahre mußten Bahnreisende wegen der größeren Spurbreite der spanischen Züge hier umsteigen.

Einen kurzen Rundgang lohnt die Altstadt. Wer mit dem Namen Walter Benjamin etwas verbindet, wird zum Friedhof pilgern, um dort des Philosophen und Literaturkritikers zu gedenken. Er beging in Portbou am 27. 9. 1940 auf der Flucht vor den Nazis Selbstmord.

Verwitterte Felsspitzen prägen das Bild der Serra de Montserrat

Die wehrhaft wirkende Klosterruine Sant Pere de Rodes

Malerisch gelegen: Cadaqués

1

Seite 45

Eine ins Nichts führende Treppe des Künstlers Dani Karavan symbolisiert die Ausweglosigkeit, die Benjamin zu seiner Tat trieb.

🛈 Passeig Lluis Companys, s/n, 17497 Portbou, ☏ (9 72) 39 02 84, 📠 12 51 23.

Von Portbou aus schlängelt sich die N 260 die steile Küste entlang Richtung Süden. Hinter Grifeu (13 km) biegt man links nach **Llançà** ab. Das Zentrum der Ortschaft mit 3000 Einwohnern, Llançà Vila, liegt im Landesinneren und wurde bereits im 10. Jh. urkundlich als Besitztum des nahen Klosters ** *Sant Pere de Rodes* (s. u.) erwähnt. Die lokalen Strände und der Hafen, die sich 1 km weiter östlich befinden, werden hauptsächlich am Wochenende von den Bewohnern des nahen Figueres besucht.

🛈 Av. Europa, 37, 17490 Llança, ☏ (9 72) 38 08 55, 📠 (9 72) 38 12 55.

***El Port de la Selva** ist ein kleines, wunderschön an der Bucht *Cap Gros* gelegenes Fischerdorf. Bekannt ist der Ort für seine leckeren *Anxoves* (Anschovis), die man in einem der zahlreichen Fischrestaurants probieren sollte. Der herrliche Strand ist wegen der günstigen Windverhältnisse vor allem für Windsurfer attraktiv. Außerdem lassen sich von Port de la Selva aus reizvolle Ausflüge unternehmen: mit dem Boot zum *Cap de Creus*, dem östlichsten Punkt der Iberischen Halbinsel, oder zu Fuß zur Burgruine *San Salvador*, 7 km westlich in 670 m Höhe gelegen. Von dort genießt man einen schönen Ausblick bis zum Meer hin.

Das Benediktinerkloster ****Sant Pere de Rodes** strahlt noch als Ruine Erhabenheit aus. Man erreicht es entweder zu Fuß von El Port de la Selva aus (unweit der obengenannten Burg) oder mit dem Auto über Vilajuiga. Die Gebäudereste zählen zu den bedeutendsten Zeugnissen romanischer und mozarabischer Kunst in Katalonien. Schon 878 fand der Ort Erwähnung, wenngleich die für damalige Verhältnisse große Klosteranlage erst 943 entstand (Kirche von 1022). Den Eindruck einer Trutzburg, die die gesamte Landschaft bis hin zum Meer vor Angriffen schützt, verstärken ein fensterloser, viereckiger Wehrturm und der mit Arkaden ausgestattete Glockenturm. In der dreischiffigen Kirche sind das frühromanische Tonnengewölbe und reichverzierte Kapitelle mit Tierdarstellungen zu bestaunen. Seit dem Beginn des 19. Jhs. wird die Klosteranlage nicht mehr genutzt. In der Nähe liegt die *Punta del Pi*, eine steinzeitliche Grabstätte mit 60 Dolmengräbern.

Von El Port de la Selva aus windet sich die schmale Straße landeinwärts langsam zum Gipfel des *Puig Paní* (613 m) hinauf, danach jedoch (bergabwärts Richtung Cadaqués) werden die Kurven zunehmend enger. Nach ca. 5 km sieht man einen der schönsten Orte der Costa Brava am blauen Meer liegen, ****Cadaqués.** Zahlreiche Künstler haben in diesem charmanten Fischerdorf einen Teil ihres Lebens verbracht – darunter so prominente wie Magritte, Buñuel oder Lorca – und die einmalige Atmosphäre des Ortes und seiner Umgebung in ihren Werken festgehalten. Der bekannteste Bewohner der Stadt war aber zweifellos *Salvador Dalí*, der im Ortsteil *Port Lligat*, 15 Gehminuten nördlich des Zentrums, für seine Ehefrau Gala eine skurrile Villa errichtete.

Obwohl die meist steinigen Strände von Cadaqués nicht zu den erstrangigen der Costa Brava zählen, ist der Ort in der Saison überlaufen. Hier treffen sich vor allem jugendliche Besucher, angelockt von der umtriebigen Nachtszene, um zu sehen und gesehen zu werden. In der Altstadt findet man kleine Restaurants und Lokale (in manch einem hat Meister Dalí ausgiebig gefeiert), Galerien und Läden rund um die Pfarrkirche *Santa Maria* (prächtiger Barockaltar, 1727). Erinnerungsstücke an Dalí sowie Graphik des 15. bis 20. Jhs. zeigt das *Museu Perrot-Moore* (🕓 tgl. 10.30–13.30, 16.30 bis 20.30 Uhr).

1

Seite 45

Ausflüge zum 6 km entfernten *Cap de Creus* oder zu den abgeschiedenen Buchten der Umgebung (S'Aranella, Del Ros u. a.) bieten sich an.

C. des Cotxe, 2, 17488 Cadaqués, (9 72) 25 83 15, 15 94 42.

Playa Sol, Platja Pianc, 5, 25 81 00, 25 80 54. Das ausgezeichnete Hotel ist u. a. mit Tennisplatz und Swimmingpool ausgestattet. ($$)

Port Lligat, 25 81 62. Außerhalb des Zentrums im gleichnamigen Ortsteil, ruhige Lage am Meer. ($)

Es Baluard, Riba Nimesio Llorenç, 2, 25 81 83. Romantisch in einer alten Bastei untergebracht. ($)

Cadaqués, 25 81 26. Etwa 100 m zum Strand.

In den dreißiger Jahren bezog Dalí mit seiner Frau Gala sein Domizil in Port Lligat

Roses

Roses (9000 Einw.) ist durch einen Höhenzug von Cadaqués getrennt. Der im 8. Jh. v. Chr. von den Griechen gegründete Ort war später befestigter Hafen der Westgoten und Sitz der Grafen von Empúries. Heute lebt die Stadt vom Fischfang und vom Tourismus. Sie ist mit ihren schönen Stränden das meistfrequentierte Touristenzentrum an der nördlichen Costa Brava. Vor allem Taucher und Segler kommen hier auf ihre Kosten. Findet man im Stadtzentrum hauptsächlich Hotelhochhäuser, so sind um die Stadt herum noch zahlreiche Spuren einer bewegten Vergangenheit aufzuspüren, z.B. die Zitadelle (16. Jh.) mit Resten eines Benediktinerklosters und der romanischen Basilika Santa Maria, die Burgruine *Castel de la Trinitat* (17. Jh.; herrliche Aussicht), der *Puig Rom,* auf dem wohl die westgotische Siedlung lag, und die Dolmengräber vom *Creu d'en Corbetella.*

Av. Rhode, 101, 17480 Roses, (9 72) 25 73 31, 15 11 50.

Almadraba Park, an der Platja Almadrava, 25 65 50,

In Figueres ist der Dalí-Kult allgegenwärtig

1

Seite 45

Fax 25 67 50. Komfortables Viersternehotel, ruhig gelegen. $$

Flor de Lis, Cosconilles, 47, ☎ 25 43 16. Serviert Fisch vom Feinsten. $$

Bahía de Roses, ☎ 25 66 69 (April–Sept.). – **Ampurdanés,** ☎ 25 70 42; kleine Anlage.

In den 70er Jahren ist **Empúria Brava** entstanden, eine reine Touristenstadt, in der während der Hochsaison 70 000 Besucher leben, in der aber nur ca. 6000 Personen überwintern. Ihre Attraktivität gewinnt sie aus den Hunderten von Kanälen, die den Ort durchziehen. Sie gewährleisten, daß jeder mit seinem Boot bis vor die Haustür schippern kann. Ein Jacht- und ein Kleinflughafen gehören zu den weiteren Annehmlichkeiten der Retortenstadt. An Diskotheken, Supermärkten und einander ähnelnden Restaurants herrscht kein Mangel.

Puigmal, 1, ☎ (9 72) 45 08 02, Fax 45 14 28.

Der Bau der Siedlung führte 1976 umweltbewußte Einheimische zu einer Bürgerinitiative zusammen, um die völlige Übersiedlung des Mündungsgebietes des Riu Muga zu verhindern. Auf ihren Druck entstand das Naturschutzgebiet * **Aiguamolls de l'Empordà,** das sich wie ein Gürtel um Empúria Brava herumzieht (s. S. 22).

Castelló d'Empúries (2000 Einw.), die ehemalige Hauptstadt der gleichnamigen Grafschaft , hat viel von ihrem alten Glanz eingebüßt. Beeindruckend ist aber immer noch die gotische Pfarrkirche *Santa Maria* (13.–15. Jh.) mit ihrem romanischen Turm. Im Inneren des nach der Kathedrale in Girona zweitgrößten Kirchenbaus in der Provinz sind ein prachtvoller Altaraufsatz (1485) aus Alabaster von Vicente Borrás und ein gotischer Flügelaltar zu sehen. Ansonsten verdienen in der kleinen Stadt die ehemalige Börse (*Casa de la Vila*, Plaça dels Homes) und die siebenbogige gotische Brücke über den Riu Muga einen Besuch.

Puigmal, 1, Empuriabrava, 17487 Castelló d'Empuries, ☎ (9 72) 45 08 02, Fax 45 06 00.

Figueres (30 000 Einw.) ist nicht nur Hauptstadt der Comarca Alt Empordà, sondern zugleich Wirtschafts- und Handelszentrum der gesamten Region. Zwar gehört es nicht unbedingt zu den schönsten Städten Kataloniens, doch pilgern die Kunstfreunde gerne hierher.

Das Stadtzentrum bildet die kleine *Rambla,* ringsum vom Verkehr umtost. Am östlichen Ende des Platzes erinnert ein Denkmal an den in Figueres geborenen Erfinder *Narciso Monturiols,* der im 19. Jh. einen Vorläufer des Unterseebootes entwickelte. An der Rambla liegen außerdem zwei reizvolle Museen: Das Haus Nr. 2 beherbergt das *Museu del Empordà* (Di–Sa 11.30 bis 13.30, 16.30–20 Uhr, So 11–14 Uhr) mit völkerkundlichen Funden aus der Region sowie Bildern zeitgenössischer katalanischer Maler. Im Haus Nr. 10 ist ein kleines Spielzeugmuseum *(Museu de Joguets)* untergebracht (tgl. 10 bis 12.30, 16–19.30 Uhr).

Von der Rambla aus gelangt man bergauf zur Hauptattraktion der Stadt, dem ** *Teatre-Museu Dalí* an der Plaça Pius XII. In den 80er Jahren erhielt der weltberühmte exzentrische Künstler freie Hand, das ehemalige Stadttheater (19. Jh.) zu einem Tempel seiner Kunst umzugestalten. Schon als Vierzehnjähriger hatte Dalí hier seine erste Ausstellung inszeniert.

Im Hof empfängt Dalís Gattin und Muse Gala in einem schwarzen Cadillac die Besucher. Stück um Stück wird man weiter in die skurrile und doppeldeutige Welt des Surrealisten hineingeführt. Erstaunt steht man vor einem Altar aus Likörflaschen, muß auf eine Leiter klettern, um eine „Hommage an die Schauspielerin Mae West" in den Blick zu bekommen, und sinniert über die Gemälde des Meisters, in denen alles zu zerfließen scheint. Gar nicht effektheischend, eher bescheiden dann die Grabkammer für den „göttlichen"

Seite 45

Künstler und seine Frau im Innern des Museums.

(🕓 Okt.–Juni tgl. außer Mo 10.30 bis 17.15 Uhr, Juli–Sept. 9–20.15 Uhr.)

ℹ Plaça del Sol, 17600 Figueres, ☎ (9 72) 50 31 55, Fax 67 31 66 ; Pl. de l'Estació, ☎ 50 31 55.

Dalí – ein katalanischer Lebenslauf

„Mein Vater führte uns, als wir noch Kinder waren, am Kap Creus spazieren… Alle Felsen, alle Vorsprünge des Kap Creus befinden sich in unaufhörlicher Metamorphose. Jedes ist eine Suggestion, die es erlaubt, sich spontan einen Adler, ein Kamel, einen Hahn, einen Löwen, eine Frau vorzustellen… Dieses Kap, das äußerste Ende Kataloniens, ist einer der Orte, wo ein heiliger Geist weht und die Grundwelle aus den Tiefen des Meeres sich mit dem Hauch vereint, der vom Himmel herabkommt und unsere Erde befruchtet." Kann man sich eine eindringlichere Liebeserklärung an ein Stück Erde vorstellen, als diese Hommage an die Landschaft Kataloniens von Salvador Dalí? Der Meister des Surrealen war wie kaum ein anderer Künstler mit seiner Heimat verwurzelt.

In Figueres wird er am 11. Mai 1904 im Carrer Monturiol geboren. Schon auf dem Gymnasium erhält der talentierte Junge ab 1917 Einzelunterricht im Zeichnen, veröffentlicht erste Werke und in der Schülerzeitung kleine literarische Artikel. 1922 geht Dalí zum Studium an die Escuela de Bellas Artes in Madrid und lernt dort u.a. García Lorca und Luis Buñuel kennen. Aber schon nach drei Jahren kehrt er aus Heimweh – als nichts anderes wird seine Undiszipliniertheit und Aufmüpfigkeit interpretiert, derentwegen er aus der Hochschule ausgeschlossen wird, – nach Katalonien zurück. Eine erste Einzelausstellung 1925 in der Galerie Dalmau zeigt Porträts seiner Schwester Anna-Maria. Im Castell de Sant Ferran in Figueres leistet Dalí seinen Wehrdienst ab und unterhält dennoch weiter regen Kontakt zu seinen Studienkollegen. Zusammen mit Buñuel verfaßt er das Manifest Groc, eine Abrechnung mit den kulturellen Zeitströmungen, und die Drehbücher zu den Filmklassikern „Der andalusische Hund" und „Das Goldene Zeitalter". 1929 lernt er seine spätere Frau Gala kennen und folgt ihr nach Paris. Aber bald hat er das großstädtische Leben satt, der katalanische Bauer, als den sich Dalí gerne selbst bezeichnet, sehnt sich nach seiner Scholle und kehrt in die Heimat zurück.

In Port Lligat erwirbt er eine Fischerhütte, die er nach seinen Vorstellungen ausbaut. Die Bürgerkriegszeit und den Zweiten Weltkrieg erlebt er von ferne; gezwungenermaßen verläßt er die Region Empordà. Im Exil in den USA wird er zum gefeierten Modemaler. Aber der Reiz des Dollar hält nicht lange vor. Schon 1948 zieht es ihn wieder nach Port Lligat. Zehn Jahre darauf heiratet er Gala in der Kirche Els Àngels bei Girona. Von nun an verläßt er die heimatlichen Gefilde kaum noch. Nach dem Tode seiner Muse Gala ein wenig kauzig und kränklich geworden, macht er sich und sein Katalonien zum Zentrum eines „verrückten" Universums. In der Torre Galatea, in der Nähe seines Museums in Figueres, schließt er sich die letzten Jahre seines Lebens ein. Unter der Kuppel des Museumstheaters wird er 1989 begraben.

Route 2

2

Seite 45

Sonne, Sand und viel Kultur

Sant Pere Pescador – Palamós – Blanes – * Barcelona (179 km)**

Flach ist die Küste im größten Teil dieser Route. Erst ab Sant Feliu de Guíxols schlängelt sich die Küstenstraße in Serpentinen am Meer entlang, und die Costa Brava zeigt noch einmal ihr „wildes" Gesicht.

L'Escala ist der Ort für eine „Tour der Kultur" in die griechisch-römische Vergangenheit, ehe man sich ausgiebig den berühmten Badestränden zuwendet. Der letzte Teil der Route durchquert vor den Toren von Barcelona das sehr touristische und daher weniger reizvolle Gebiet El Maresme, das nicht mehr zur eigentlichen Costa Brava gehört. Mehrere Tage sind erforderlich, will man den Schönheiten der südlichen Costa Brava gerecht werden.

Sant Pere Pescador (2000 Einw.) besitzt neben den Überresten eines alten Kastells und einer barocken Pfarrkirche einige Kilometer östlich des Ortskerns einen passablen Strand, der sich aufgrund der guten Windverhältnisse zu einem Treffpunkt für Windsurfer entwickelt hat.

L'Escala gehört zu den größten Fischereihäfen des Landes. An Sehenswürdigkeiten hat das 4000 Einwohner zählende Städtchen nicht viel zu bieten, sieht man einmal von dem neoklassizistischen Seemannsfriedhof und dem Seemannsdenkmal an der Landzunge *La Punt* ab. Gute Bademöglichkeiten bestehen in der südlich gelegenen *Cala Montgo,* an der *Platja de Riells* und an der *Platja d'Empúries* (nördl.). Im benachbarten *La Clota* hat sich ein Jacht- und Sporthafen etabliert.

ⓘ Plaça de les Escoles, 1, 17130 l'Escala, ☎ (9 72) 77 06 03, FAX 10 33 85.
Ⓗ **Nieves Mar,** Passeig Maritim, 8, ☎ 77 03 00, FAX 10 36 05. Das Dreisternehotel verfügt über Swimmingpool und Tennisplatz. ($)
Ⓡ **El Roser,** Passeig Lluis Albert, 1, ☎ 77 11 02. Liebevoll werden die Spezialitäten der Region dargeboten, z. B. Salat von jungen Aalen *(Ensalada de Angulas).* ($)

Direkt vor den Toren des Ortes liegen die wohl eindrucksvollsten Zeugnisse griechischer Besiedlung in Katalonien: die Ruinen der über zweieinhalbtausend Jahre alten Stadt * **Empúries** (🕓 tgl. außer Mo 10–19 Uhr; Okt.–April 10–13, 15–18 Uhr). Wer archäologisch nicht sehr bewandert ist, sollte sich vor dem Rundgang über das Ausgrabungsgelände in dem kleinen Museum (mit Café) einen Überblick verschaffen. Die Ausgrabung gliedert sich in drei Teile:

Die *Altstadt* (Palaiapolis, im Norden) wurde im 6. Jh. v. Chr. von griechischen Siedlern gegründet und lag ursprünglich auf einer Insel. Zu besichtigen sind Reste der mittelalterlichen Überbauung, wie die spätgotische Kirche *Sant Martí* (vermutlich auf den Grundmauern eines Artemistempels errichtet). Unterhalb von Palaiapolis befand sich ein kleiner Hafen, der verlandete und auf dessen Areal im Mittelalter die Ortschaft Sant Martí d'Empúries entstand.

Als schon nach wenigen Jahrzehnten die Siedlung zu klein geworden war, bauten die Griechen südlich des alten Hafens eine *Neue Stadt* (Neapolis). Gut erhalten sind hier Reste der zyklopischen Stadtmauer (um 250 v. Chr.), z. B. das *Südtor,* einstmals Haupteingangstor zur Stadt. Rechts davon erstreckt sich der *Tempel des Jupiter Serapis* auf einer Fläche von 45 x 24 m (um 100 v. Chr.). Links erkennt man Teile des *Asklepiostempels* mit einer Statue des griechischen Gottes der Heilkunde. Folgt man der ehemaligen Hauptstraße,

Perpignan
FRANK-
REICH
Banyuls-s-Mer
Cerbère
Cap Cerbère
Portbou
La
Jonquera
Colera
Llançà
Cap
Gros
Darnius
Masarac
St. Pere
de Rodes
Cap de
Creus
El Port
de la Selva
Boadella
d'Empordà
Vilajuïga
Albanyà
Cadaqués
Cap
Norfeu
Aiguamolls
de L'Empordà
Figueres
Castelló
d'Empúries
Roses
Empúria
Brava
R. Muga
Aiguamolls
de L'Empordà
Navata
Costa Brava
Besalú
Riu
Fluvià
St. Miquel
de F.
Sant Pere
Pescador
Empúries
Viladamat
L'Escala
Banyoles
Girona
Toroella
de Montgrí
l'Estartit
Illes
Medes
Poblat
Ibèric
Ullastret
Riu Ter
Girona
Peratallada
Pals
La Bisbal
Begur
Palafrugell
Tamariu
Llafranc
Cabo de St. Sebastià
Calella
de Palafrugell
Cassà de
la Selva
Sta. Coloma
de Farners
Palamós
Sant Anton de C.
Llagostera
La Platja d'Aro
Vidreres
Sant Feliu de Guíxols
Rosamar
MITTELMEER
Tossa de Mar
R. Tordera
Lloret de Mar
El Maresme
Blanes
Barcelona
Malgret de Mar
Costa Brava
ROUTEN 1 UND 2
N
0
15 km
Calella

2
Seite
45

2
Seite 45

kommt man zur 60 x 22 m großen *Agora* (Marktplatz), an deren Rand ein Versammlungsgebäude *(Stoa)* aus dem 3. Jh. v. Chr. und Teile einer *christlichen Basilika* (6. Jh.; westgotisch) erhalten sind.

Westlich von Neapolis fand man Überreste einer römischen Stadt, die im Zuge der Besetzung der Gegend durch den Feldherrn Scipio (218 v. Chr.) entstand und im 1./2. Jh. n. Chr. ihre Blütezeit erlebte. Man sieht Teile zweier *römischer Villen,* u. a. mit gut erhaltenen Mosaiken und einem Becken für Regenwasser. Zentral liegt das ehemalige *Forum,* ca. 100 x 100 m messend. Südlich davon befinden sich das *Südtor* aus der Zeit Cäsars und das *Amphitheater.*

Torroella de Montgrí (5500 Einw.), 22 km. Schon von weitem ist die Felskuppe *Santa Catarina* (mit kleiner Einsiedelei) und das *Castillo de Montgrí* auszumachen. Die Burg auf dem Gipfel des „grauen Berges" wurde 1294 von König Jaume II zum Schutz gegen die Grafen des nahen Empúries errichtet. Der mächtige Bau mit den Rundtürmen ist nur zu Fuß in etwa einer Stunde von der Stadt aus zu erreichen (innen nicht zu besichtigen, dafür herrliche Aussicht).

Im Ort beginnt man einen Rundgang am besten an der *Plaça de la Vila,* deren Bild von schönen Arkadengängen geprägt ist; mit dem *Rathaus* (14. Jh.) und der kleinen Kirche *Sant Antoni* (13. Jh.) war sie von jeher Dreh- und Angelpunkt des Stadtgeschehens. Nördlich davon steht im Carrer de l'Església der *Palau Solterra* (Nr. 14), einer von vielen erhaltenen Palästen aus der Zeit der Renaissance, und ein Stück weiter die einschiffige gotische Pfarrkirche (15. Jh.; im 19. Jh. restauriert).

Wissenswertes über die Stadt, ihre Geschichte und die Umgebung sind im *Museu del Montgrí i del Baix Ter* (Casa Pastors, 15. Jh.; Carrer Major, 31) zu erfahren (🕓 Mo, Mi–Fr 11–14, 17 bis 20 Uhr, Sa/So nur vormittags). Eine Stadtmauer umgibt die Altstadt. Von ursprünglich sechs Stadttoren sind noch zwei erhalten: die *Torre de Santa Catalina* und die *Torre de les Bruixes.*

🛈 Av. Lluís Companys, 51,
17257 Torroella de Montgrí,
☎ (9 72) 75 89 10, FAX 75 76 19.

Nur wenige Kilometer östlich von Torroella liegt der ehemalige Hafen der Stadt, das viel frequentierte und mit einer guten Infrastruktur ausgestattete Touristenzentrum **L'Estartit** (1000 Einw.). Das Auffälligste am Ort ist der ausgedehnte, breite und feinsandige Strand, der sich über viele Kilometer hinzieht. Durch eine nahe Bergkette vor den Winden geschützt und dank der geringen Wassertiefe können hier vor allem Kinder nach Herzenslust baden und planschen.

An der langen Strandpromenade reihen sich Restaurants, Hotels, Geschäfte sowie Tauch- und Windsurfläden dicht an dicht, und eine Bimmelbahn schnaubt am Meer entlang. Obwohl die Zahl der Gäste in die Zehntausende geht, kehrt in den Abendstunden im Badeort noch Ruhe ein.

🛈 Passeig Marítim, 17258 L'Estartit,
☎ (9 72) 75 89 10,
FAX 75 76 19.

H **Panorama,** Av. de Grècia, 5,
☎ 75 80 92, FAX 75 71 19. Das größte Haus am Platz, mit 154 Betten. ($)
Bell Aire, Església, 39, ☎ 75 81 62,
FAX 75 85 28. Behindertengerechtes Haus. ($).
R **La Gaviota,** Pg. Marítim, 92,
☎ 75 84 19. Haben Sie schon einmal Seeigel gegessen? Wenn nicht, probieren Sie hier diese Köstlichkeit. ($))
⚠ 9 Campingplätze warten auf Besucher, darunter so gut ausgestattete wie der große (2000 Plätze) **El Delfín verde,** ☎ 75 84 50, FAX 76 00 70.

***Illes Medes** heißt die aus sieben kleinen Inseln bestehende Inselgruppe vor L'Estartit, die früher Piraten als Unterschlupf diente. Mitte der 80er Jahre wurden die Felseilande – inklusive eines Ufersaums unter Wasser – zum Naturschutzgebiet erklärt und dürfen nicht mehr betreten werden. Auch Taucher dürfen sich nicht weiter als bis auf 75 m dem Naturparadies nähern. Über 140 Insekten- und 60 Vogelarten sind hier zu Hause, ganz zu schweigen von der farbenprächtigen Tier- und Pflanzenwelt unter Wasser.

Römische Hinterlassenschaft: Mosaikböden in Empúries

2

Seite 45

Ullastret im Hinterland der Küste (etwa 20 km von L'Estartit entfernt) ist wegen des *Poblat Ibèric* ein Begriff. Die iberische Siedlung wurde im 7. Jh. v. Chr. auf einer heute landfesten Seeinsel errichtet und im Laufe der Jahrhunderte im Westen mit einer Wallanlage ausgestattet; davon blieben eindrucksvolle Teile, insbesondere sechs Rundtürme, erhalten. Im 2. Jh. v. Chr. vollzog sich der Niedergang der Siedlung, vermutlich durch den übermächtigen Einfluß des römischen Nachbarn Empúries. Auf der höchsten Erhebung des Geländes hat man ein *Museum* eingerichtet, in dem sowohl Skizzen und Modelle der Ausgrabungsstätten als auch diverse Funde wie Keramiken, Münzen, Schädel u. a. ausgestellt sind (🕓 Juni–Sept. tgl. außer Mo 10.30–13, 16–20 Uhr).

Am Hafen von L'Estartit

La Bisbal (7500 Einw.), 10 km südlich von Ullastret gelegen, ist eine mittelalterliche Gründung und heute bekannt für Keramikkunst, ein Handwerk, das schon seit dem 15. Jh. hier betrieben wird. Zahlreiche Geschäfte bieten farbenfrohe Keramikware feil. Darüber hinaus sind die zweibogige, mittelalterliche Brücke über den Riu Daró und im Ortszentrum das Schloß der Bischöfe von Girona (15. Jh.) Anziehungspunkte.

ⓘ Pg. Marimom Asprer, 17100 La Bisbal de L'Empordà, ☏ 64 09 75.

Eine Reihe von Keramikläden wartet in La Bisbal auf Kunden

Auf dem Weg zurück zum Meer kommt man durch den charaktervollen Ort *Peratallada.* Jenseits der Stein-

2

Seite 45

brücke scheint die Zeit stillzustehen in den schmalen Gassen, erinnern geschmückte Bürgerhäuser und in der Ortsmitte ein erstmals 1065 erwähntes Kastell aus „gehauenem Stein“ (span. piedra tallada; ⌚ tgl. 10–12, 16 bis 19 Uhr) an die frühere Bedeutung des Dorfes am Flußübergang.

Pals gibt sich als umtriebiger Marktflecken (1800 Einw.). Sehenswert ist vor allem der mittelalterliche Ortskern, abseits der Durchgangsstraße und in 7 km Entfernung vom Meer auf einem Hügel gelegen. Zu den bemerkenswerten Bauten zwischen den Häusern aus hellem Naturstein zählen u. a. die romanisch-gotische Pfarrkirche und die *Torre de les Hores*. Der Turm, der bereits im 15. Jh. eine Uhr trug – daher der Name Stundenturm – ist das Überbleibsel einer Burg aus dem Mittelalter. Vom Fuß des Turms aus hat man einen herrlichen Blick über die Landschaft bis hin zu den Illes Medes. In der *Ca la Pruna*, einem befestigten Haus (16. Jh.) außerhalb der Stadtmauern, ist ein kleines Stadtmuseum eingerichtet. Es präsentiert Dokumente zur Stadtgeschichte und archäologische Funde aus der Umgebung (⌚ 1. Juli bis 30. Sept. tgl. 10–13, 16–20 Uhr, sonst nur am Wochenende).

🛈 Aniceta Figueras, 6, 17256 Pals,
☎ (972) 66 78 57, 📠 66 75 18.

Aus einer Höhe von 200 m über der Steilküste eröffnet sich in **Begur** dem Besucher ein traumhaftes Panorama. Die exponierte Lage schützte dennoch nicht vor Angriffen der Seeräuber, so daß sich in früheren Jahrhunderten die Grafen in einer Burg und die Bürger hinter massigen Mauern mit Wachtürmen verschanzten. Diese Verteidigungsbauten verleihen dem Stadtbild bis heute eine wehrhafte Prägung.

2 km nördlich von Begur stößt man auf die schönen Strände *Cala Sa Riera*, *Cala Aiguafreda* und *Cala Sa Tuna*, in etwa gleicher Entfernung Richtung Süden auf die attraktiven Badeplätze *Fornells* und *Aiguablava* (in der Nähe die Felshöhlen *Cova d'en Gisbert* und *Cova del Bisbe*).

🛈 Pl. de L'Esglesia, 8, 17255 Begur,
☎ (972) 62 40 20, 📠 62 35 88.

Palafrugell (17 000 Einw.), die Geburtsstadt des katalanischen Schriftstellers *Josep Pla* (1897–1981), ist Markt- und Handelszentrum der Region. Seit jeher spielt die Korkverarbeitung für die Stadt eine gewichtige Rolle. An historischen Sehenswürdigkeiten hat Palafrugell außer der gotischen Pfarrkirche *Sant Martí* und einigen Jugendstilbauten – z. B. der *Korkfabrik Armstrong* von 1904 – nicht viel zu bieten. Ein kleines *Stadtmuseum* in der Casa Cultura Josep Pla gibt Einblick in die Geschichte der Korkverarbeitung. Für den Erholung suchenden Touristen sind die nahe gelegenen Badeorte zweifellos attraktiver als die Industriestadt.

Tamariu, Llafranc und **Calella de Palafrugell** liegen nur wenige Kilometer von Palafrugell entfernt. Am ruhigsten ist das nach den vielen hier wachsenden Tamarindenbäumen benannte Anglerparadies Tamariu. Lebhafter geht es in Llafranc zu, dessen 500 m langer Sandstrand und das nahe liegende *Cap de Sant Sebastià* mit Barockkirche, Einsiedelei sowie Restaurant zahlreiche Besucher anlocken.

Calella ist ein hübscher Ort mit kleineren Hotel- und Ferienanlagen. Eine Besichtigung lohnt das *Cap Roig* mit einer bezaubernden Gartenanlage. Der Jardí de los Rusos wurde in den 20er Jahren von einem aus Weißrußland emigrierten Offizier angelegt (⌚ tgl. 8–21 Uhr).

🛈 Les Voltes, 4, 17210 Calella de Palafrugell, ☎ (9 72) 61 44 75,
📠 61 40 05.

Ⓗ **Sant Roc,** Pl. Atlántic, 2,
☎ 61 42 50, 📠 61 40 68. Von der Hotelterrasse hat man einen superben Ausblick über die Küste. Ⓢ
Ⓡ Viele einladende und gute Restaurants gibt es in den drei Orten. Etwas ganz Besonderes aber ist der Hummersalat mit Weinessig aus der Cavahoch-

burg Sant Sadurní, den es am ein paar Kilometer entfernten Strand von Pals gibt, und zwar im Restaurant **Sa Punta** (im gleichnamigen Hotel), Playa de Pals, ☎ 63 64 10. $$)

Die 1277 gegründete Stadt **Palamós** erlebte im Mittelalter ihre Blütezeit, als ihr Hafen Ausgangspunkt für die großen Eroberungen der aragonesischen Flotte war. Danach verlor Palamós an Bedeutung und erlebte erst im 19. Jh. durch die Korkindustrie neuen Aufschwung. Es ist bis heute der Hauptausfuhrhafen für die Produkte des sog. Korkdreiecks zwischen Palafrugell, Palamós und Sant Feliu de Guíxols. Daneben ist der Tourismus für die 12 500 Einwohner zählende Stadt ein zunehmend wichtigerer Wirtschaftsfaktor.

Kunst und Kultur vergangener Jahrhunderte dokumentieren die hochgelegene Pfarrkirche *Santa Maria* (1371

Pals: Streifzug durchs Mittelalter

2

Seite 45

Wild, urwüchsig, tapfer

Der Begriff *Costa Brava* ist heute ein Schlagwort aus dem Reisekatalog. Man assoziiert die 214 Küstenkilometer zwischen Portbou und Blanes, weiße Strände, blauen Himmel und Tourismus pur. Als der Journalist Ferrán Agulló Ende des 19. Jhs. das Wortpaar prägte, ist ihm sicher etwas anderes durch den Kopf gegangen.

Das Wort *bravo* hat mehrere Bedeutungen: einmal meint es „urwüchsig", „unwegsam" und charakterisiert damit nur die wenigen Küstenkilometer um Cadaqués und zwischen Sant Feliu de Guíxols und Tossa de Mar treffend. Bei Sant Feliu stand der Wortschöpfer auf der Ermita Sant Elm und schaute hinunter auf die bizarren Felsformationen, die scheinbar regellos wie aus Urzeiten gewachsen zu sein scheinen und sich schroff dem Wanderer in den Weg stellen. Zur gleichen Zeit wurde ihm bewußt, wie „wild" (die zweite Konnotation von *bravo*) das Meer hier an der Küste sein kann, besonders dann, wenn die gefürchteten Winde der Region die See peitschen. Mehrmals im Jahr wühlt ein kalter Nordwind, die *Tramuntana*, die See dermaßen auf, daß Fischerboote und sogar größere Kähne wie Gischtflocken an die Felsen geschleudert werden. Aber auch der wärmere *Garbí* hat es in sich. Er kräuselt die See zwar nur wenig und wirft keine hohen Wellen auf, drückt aber mit steter Kraft alles Schwimmende gegen die Ufer.

Und nicht zuletzt mag der Journalist an die Bewohner dieses Küstenstrichs gedacht haben. Seit jeher setzen sie sich sich „tapfer" (auch das bedeutet bravo) gegen die Naturunbilden zur Wehr, steigen Tag für Tag in ihre winzigen Fischerboote und hoffen auf ruhige See. Täglich mit dem Charakter ihrer Küste konfrontiert, und in enger Symbiose damit lebend, sind sie wohl tief im Herzen so geworden wie diese – *bravos* eben.

2
Seite 45

begonnen, im 16. Jh. renoviert) und das Stadtmuseum *Cau de la Costa Brava* mit Sammlungen iberischer, griechischer und römischer Keramik sowie Anschauungsmaterial zur Geschichte der regionalen Korkgewinnung. Neben dem Stadtstrand an der mit Palmen bestandenen Promenade verfügt das Seebad über ausgedehnte Badeflächen im Norden (*Platja de la Fosca* und *Platja del Castell*, 2–3 km entfernt); außerdem kann man nach *Sant Antoni de Calonge* (2 km) ausweichen.

🛈 Passeig del Mar, 17230 Palamós, ☎ (9 72) 60 05 50, 📠 31 43 90.

Über 100 000 Besucher strömen jede Saison in den kleinen Ort **La Platja d'Aro** mit dem endlosen Sandstrand und der Skyline aus Hotelbauten, die sich bis dicht ans Wasser heranschieben. Wer lärmendes Nachtleben, überfüllte Strände und Einkaufsstraßen mit immer einheitlichem Massenartikel-Sortiment nicht scheut, der ist hier richtig am Platz.

Kulturhistorisch interessante Plätze findet man nur außerhalb des Ortes: Entweder im 3 km entfernten Verwaltungssitz *Castell d'Aro* (Pfarrkirche aus dem 11. Jh. und mittelalterliche Burg „Castell de Benedormiens") oder im 10 km westlich gelegenen *Romanyà de la Selva:* Die *Cova d'En Daina*, eine fast 4000 Jahre alte Kultstätte mit Dolmen und einem megalithischen Steinkreis, hat nicht nur für Katalonien, sondern für ganz Spanien Seltenheitswert.

🛈 Cinto Verdaguer, 2, 17250 Platja d'Aro, ☎ (9 72) 81 71 79, 📠 82 56 57. ⛴ Blanes, Tamariu, Lloret, Tossa.

Ⓗ Die Touristenhochburg ist mit Dutzenden von Mehrsternehotels versorgt. Ganz exklusiv und abseits vom Trubel liegt das Edelhotel **Big Rock** (Barri de Fanals, 5, ☎ 81 80 12, 📠 81 89 71), in dem es nur 5 Suiten gibt. Spezialität des ausgezeichneten Hotelrestaurants: gebackener Seehecht mit Petersilienkartoffeln. $$$
⛺ 5 Plätze, u. a. **Riembau,** ☎ 81 71 23.

Auf der C 255 am Meer entlang fahrend passiert man die Abzweigung nach *S'Agaró*, einem mondänen Badeort mit herrlichen Villen und erreicht nach 6 km **Sant Feliu de Guíxols.** Früher einmal das Haupttouristenzentrum der Costa Brava, hat das Seebad diese Spitzenstellung mittlerweile an das 30 km entfernte Lloret de Mar verloren. Dafür blieb der Ort (16 500 Einw.) weitgehend von häßlichen Betonhotels und Diskothekenrummel verschont. Rund um die Promenade am kleinen Stadtstrand entfaltet sich in den Abendstunden Beschaulichkeit. Ganz in der Nähe, an der Plaça del Monestir, stehen die Reste eines Benediktinerklosters, das von Karl dem Großen gegründet worden sein soll. Rund um die zu Ehren des hier ertränkten hl. Felix erbaute Klosteranlage, von der nur noch die Kirche (14. Jh.) und die „Eiserne Pforte" (Porta Ferrada, 10. Jh.) erhalten sind, entwickelte sich die Stadt.

Von der südlichen Seite der Hafenpromenade aus führt eine Straße ca. 2 km bergauf zur *Ermita Sant Elm* (Wallfahrtskirche), von wo aus man einen weiten Blick über die Stadt und die zerklüftete Küste hat. Außerdem empfiehlt sich ein Spaziergang zum 5 km landeinwärts gelegenen Felsen *La Pedralta*, der, von einem Kreuz bekrönt, in der Luft zu schweben scheint, und weiter zur *Capilla Sant Baldiri.*

🛈 Plaça Monestir, 54, 17220 Sant Feliu, ☎ (9 72) 82 00 51, 📠 82 01 19.

Ⓗ Im Zentrum gibt es viele kleine Hotels und Pensionen, die großen Unterkünfte liegen etwas außerhalb. **Eden Roc** (im Stadtteil Port Salvi), ☎ 32 01 00, 📠 82 17 05. 120 Zimmer, gepflegte Gartenanlage. $$$
Ⓡ **Bahia,** Paseo del Mar, 17, ☎ 32 02 19. Kredenzt ungewöhnliche Menüzusammenstellungen, wie man sie in Katalonien liebt: z. B. Huhn mit Langusten. $$$

Die ** Panoramastraße zwischen Sant Feliu de Guíxols und Tossa de Mar gehört zum Schönsten, was die Costa

Brava zu bieten hat. Über 22 km schlängelt sie sich hinauf bis auf rund 600 m Höhe und gewahrt immer wieder neue und eindrucksvolle Ausblicke auf das Meer, das gegen die Felsküste brandet. Mit dem Auto kaum befahrbare Schotterpisten führen zu versteckten Buchten, wie der Platja de Canyet bei Rosamar, der Cala de Salións bei Salións oder der Cala Bona.

Eine Burg thront über dem Städtchen Begur

2

Seite 45

* **Tossa de Mar** (3300 Einw.) erreicht man von Sant Feliu aus nach atemberaubender Fahrt über die Höhenzüge der Costa Brava (s. S. 49, „Wild ...“). Für viele Künstler wurde das Turissa der Römer wegen seiner reizvollen Lage zur Wahlheimat, Chagall hat es in unvergeßlichen Bildern verewigt (einige davon sind im kleinen Stadtmuseum ausgestellt, Ⓞ Di–Sa 10–13, 16–20 Uhr, So 11–13 Uhr). Ein Schmuckstück ist die auf einer Halbinsel gelegene *Villa Vella,* die Altstadt. Hier findet man Spuren einer alten Römersiedlung aus dem 1. Jh. v. Chr. und Teile der mittelalterlichen Stadtmauer mit drei von ursprünglich vier Festungstürmen.

Das ursprüngliche Antlitz der Costa Brava

Schmale Gassen, in denen sich Galerien, Cafés und Restaurants niedergelassen haben, führen den Hügel hinauf, wo einem die gesamte Bucht zu Füßen liegt. Aus der Vogelperspektive zeigt sich auch, daß in Tossa – im Gegensatz zu anderen Touristenzentren der Costa Brava – architektonisch Maß gehalten wurde. Nur wenige Hochbauten verunstalten das Bild.

Neben dem hufeisenförmigen Hauptstrand *Platja Gran,* an dem die Boote Richtung Blanes abfahren, verfügt Tossa über einige schlechter zugängliche Strände: im Norden die kleine *Platja del Reig* sowie der Strand *Mar Menuda* gegenüber der Insel L'Illa, im Süden direkt am Fuß der Altstadt *Es Codolar.*

ⓘ Av. Pelegrí, 25, 17320 Tossa de Mar, ☏ (9 72) 34 01 08, FAX 34 07 12.

Bei Sant Feliu de Guíxols

2

Seite 45

🏨 **Gran Reymar,** Platja Mar Menuda, ☎ 34 03 12, 📠 34 15 04. Schön gelegen, mit Blick auf die Bucht von Tossa. Unterhalb des Hotels kann man am kleinen Strand Mar Menuda baden. $$

🍴 **Bahia,** Pg. del Mar, 19, ☎ 34 03 22. Hier bekommt man eine Spezialität der Stadt, den Fischeintopf *cim-i-tomba*. $

Lloret de Mar (10 500 Einw.). Welch ein Unterschied zum romantischen Tossa: Spielhallen, Diskotheken, Bars, ein Rummel ohne Ende. 170 teils in die Jahre gekommene Hotels warten auf die Besucher aus aller Herren Länder. Lloret ist der Inbegriff des Massentourismus mit allen seinen Folgeerscheinungen. Wer sich in Ruhe erholen möchte, tut besser daran, den Ort zu meiden. Auch historisch gibt es außer der Pfarrkirche (16. Jh.) mit der in diesem Jahrhundert angebauten, in Jugendstilmanier gekachelten Sakramentskapelle wenig Interessantes zu sehen. Allenfalls in der Vor- und Nachsaison verbreitet sich im Ort ein wenig südliches Flair. Dann lohnt sich auch eine Wanderung zu den etwas ruhigeren Buchten außerhalb des Zentrums, z. B. zur *Platja de Fenals* oder noch weiter nach Süden zur Bucht von *Santa Cristina* und der gleichnamigen Einsiedelei. Wenige Fußminuten von dort trifft man auf einen Ableger des Botanischen Gartens in Blanes (s. unten), den *Jardí Tropical Pinya de Rosa*.

ℹ Plaça de la Vila, 1, 17310 Lloret de Mar, ☎ (9 72) 36 47 35, 📠 37 13 95.

⛴ Blanes, Tamariu, Tossa.

🏨 🍴 Es ist für Individualreisende fast unmöglich, in Lloret ein freies Hotelzimmer zu ergattern, sie sind in der Regel pauschal ausgebucht. Die unzähligen Restaurants sind nahezu austauschbar.

Neben der Kleinindustrie (Kork, Textil, Konserven) spielt auch für **Blanes** der Tourismus eine wichtige Rolle. Allerdings hat sich der Ort mit 21 000 Einwohnern mehr Charme als das nur einen Steinwurf entfernte Lloret bewahren können. Die Altstadt blieb von Hotelbauten weitgehend verschont, den Badegästen steht die Strandmeile am Passeig S'Abanell zur Verfügung. Für Abwechslung sorgen ein Altstadtbummel und der Besuch einiger Sehenswürdigkeiten: z. B. des sechseckigen gotischen Brunnens am Carrer Ample oder der Kirche *Santa Maria* (14. Jh.; eindrucksvoller Barockaltar), die als Wahrzeichen über der Altstadt thront. Die Strandpromenade endet im Norden an einer Landzunge, auf der sich auf einem Hügel die Ruinen des *Castell de Sant Joan* (11. Jh.) erheben (Fußweg 1 Std.; herrlicher Ausblick).

Unterhalb der Burg, schön zum Meer hin gelegen, bietet die Stadt dem Besucher eine reizvolle Attraktion: den * *Botanischen Garten „Mar i Murtra“*. Die Anlage wurde 1920 von dem Deutschen Karl Faust gegründet. Im Laufe der Jahrzehnte entstand eine sehenswerte Sammlung von rund 3000 Pflanzenarten aus fünf Kontinenten, mit einem Schwerpunkt auf der Kakteenzucht (🕓 tgl. 10–17 Uhr; alle 10 Min. Buszubringer vom Hafen).

ℹ Plaça Catalunya, 17300 Blanes, ☎ (9 72) 33 03 48, 📠 33 46 86.

⛴ Lloret, Tossa, Tamariu.

🏨 **Park Hotel Blanes,** Pg. de Sabanell, ☎ 33 02 50, 📠 33 71 03. Gehobenes Etablissement an der Strandpromenade. $$

⛺ Auf den 12 Campingplätzen rund um Blanes ist man gut aufgehoben, z. B. auf dem Platz **Bellaterra,** ☎ 33 19 55.

Blanes ist die südlichste Stadt der Costa Brava. Der Riu Tordera stellt zudem die Grenze zwischen den Provinzen Girona und Barcelona dar; die nun folgende Küstenregion **El Maresme** unterscheidet sich nicht nur landschaftlich von der eigentlichen Costa Brava. Ab *Malgrat de Mar* trennen oft nur wenige Meter die N II vom Meer, und parallel zu den Autokolonnen zieht sich der Schienenstrang von Girona her nach

Barcelona. Viele Bewohner der Maresme-Küste müssen daher den Weg zum Strand durch Unterführungen oder über Schienen suchen. Die Badestrände sind meist künstlich aufgeschüttet und werden immer wieder von der Meeresströmung abgetragen. Dennoch zieht es Jahr für Jahr Hunderttausende von Touristen, meist Deutsche, an diesen Küstenstrich.

Lloret de Mar: Strandansicht 1 ...

2

Seite 45

Sie müssen die schmalen Strände mit den Wochenendbesuchern aus der nahen Millionenstadt Barcelona teilen, die mit schöner Regelmäßigkeit Freitagnachmittag und Sonntagabend für Stau auf der N II sorgen. Vier Jahrzehnte Tourismus hatten nicht zuletzt zur Konsequenz, daß sich die Bewohner der Dörfer ins Landesinnere zurückgezogen haben. Dort etablierte sich neben dem Fremdenverkehr ein neuer einkommensstarker Wirtschaftszweig: In riesigen Gewächshäusern werden Blumen für den Markt in Barcelona produziert.

... und Strandansicht 2

Daß man in Städten wie *Pineda de Mar, Calella de la Costa, Canet de Mar* oder *Arenys de Mar* kaum noch alte gewachsene Ortskerne vorfindet, scheint angesichts der touristischen Expansion nicht erstaunlich. Einzig in **Mataró** (100 000 Einw.), sind noch einige historische Sehenswürdigkeiten zu entdecken wie die mittelalterliche Basilika *Santa Maria* (Barockinterieur) im Zentrum der Stadt oder im Carrer d'Argentona 55 die *Casa Coll i Regás* von 1893, ein Haus in der Manier des katalanischen Jugendstils. Hie und da lassen sich im Stadtbild Relikte der alten Römersiedlung Lluro, auf die die Entstehung der Stadt zurückgeht, finden – beispielsweise die Torre Llauder.

Im Botanischen Garten von Blanes

ℹ Parc Central, 08304 Mataró, ☎ (93) 7 98 73 15, FAX 7 57 76 35.

Hinter Mataró beginnt der Einzugsbereich von **Barcelona** (s. S. 27), das nach 179 km erreicht ist.

Route 3

Auf den Spuren der Römer

*** Barcelona – ** Tarragona –
** Delta de l'Ebre (205 km)

Seite 57

Diese Route führt zunächst entlang der nördlichen Costa Daurada in die Römerstadt ** Tarragona. Hier gestaltet sich die Küste im Gegensatz zum südlichen Abschnitt der „Goldküste" noch recht abwechslungsreich. Bäuerliches Land und weite zum Teil touristisch noch nicht erschlossene Strandabschnitte folgen dann bis zum Naturschutzgebiet des Ebre-Deltas, das den Besucher mit seiner üppigen Fauna und Flora begeistert. Ein paar Tage sollte man sich schon Zeit für die Route nehmen und vor allem 2 Tage für Tarragona einplanen.

Man verläßt *Barcelona* in südlicher Richtung über die C 246 und durchquert bald das Mündungsgebiet des Riu Llobregat sowie das Feuchtgebiet *La Marina*. Schon Kilometer vor Castelldefels ist der Küstenbereich „in festen Händen", riesige Campingplätze und Appartementanlagen aus den 70er Jahren versperren den Blick aufs Meer.

Auch bei den Wochenendbesuchern aus Barcelona ist der breite, fast 5 km lange Strand des Seebades **Castelldefels** heiß begehrt; Ruhe und Beschaulichkeit sind selten geworden. Im 26 000-Seelen-Ort, in dem eine wachsende Zahl von Pendlern lebt, sind eine Burgruine aus dem 10. Jh., mittelalterliche Wachtürme und das Stadtmuseum (archäologische Funde, Bilder katalanischer Künstler) Ziele eines Kulturbummels. Die meisten Hotels und Restaurants finden sich im Bereich der langgezogenen Strandpromenade.

ℹ Pl. Església, 1, 08860 Castelldefels,
☎ (93) 6 64 23 61.
Bahn/Bus: Barcelona, Tarragona.

Hinter Castelldefels windet sich die Straße die Ausläufer des Bergrückens *Garraf* hinauf. Aus fast 300 m Höhe hat man einen tollen Blick auf die steil abfallenden *Costes de Garraf*.

* **Sitges** (12 000 Einw.) wird durch einen Felsvorsprung zweigeteilt: Der südliche Bereich erweckt den Eindruck eines mondänen Badeortes. Die palmenbestandene Promenade, alte ehrwürdige Hotels, der Jachthafen und Jachtklubs erinnern an die 50er Jahre, als Sitges Insidertreff der Gutbetuchten war. Heute bröckelt das Image etwas ab, hinter der Promenade gibt es die obligatorische Fußgängerzone, Diskotheken und Bars en masse. Auf dem erwähnten Felsvorsprung *La Punta* liegen die ersten Gebäude der sehenswerten Altstadt, z. B. die barocke Pfarrkirche (18. Jh.). Noch in spätgotischem Stil fertigte Nicolau Credença 1499 den Altaraufsatz zum Gedenken der Stadtheiligen Bartholomäus und Thekla.

Nur wenige Schritte sind es von der Kirche zum *Museu Maricel*. Die Sammlung von Pérez Rosales präsentiert romanische und gotische Gemälde sowie Wandmalereien von Josep Maria Sert (1874–1945), der so exponierte Bauten wie die Kathedrale von Vic (s. S. 82) und das Rathaus von Barcelona ausgestaltet hat. Das benachbarte *Museu Cau Ferrat* („Eisennest") ist ein Vermächtnis des Malers und Schriftstellers *Santiago Rusiñol* (1861–1931). In seinem Wohnhaus blieb alles so belassen wie zu Lebzeiten des Künstlers. Man sieht einen gekachelten Springbrunnen, Mobiliar der Jahrhundertwende, Gemälde des Besitzers und anderer Maler, etwa von El Greco, Picasso oder Utrillo. (🕓 beide Museen, Di–Sa 9.30–14 Uhr, 16 bis 18 Uhr, So 9.30–14 Uhr).

ℹ Sínia Morera, 08870 Sitges,
☎ (93) 8 11 76 30, Fax 8 94 43 05.
Bahn/Bus: Barcelona, Tarragona.

3

Seite 57

Ⓗ **San Sebastian Playa,** C. Port Alegre, 3, ☎ 89 48 67, FAX 8 94 04 30. Direkt am gleichnamigen Strand gelegenes, ausgesprochen elegantes Hotel. $$
Ⓡ Zahlreiche gute Speiselokale finden sich am Passeig Maritim, aber auch an der schmalen Playa San Sebastian kann man gut speisen, z. B. im **Vivero,** ☎ 8 94 21 49. Fischspezialitäten; mit Blick aufs Meer. $

Vilanova i la Geltrú (40 000 Einw.), 47 km, lädt zu einem historisch angehauchten Spaziergang ein. Den Stadtteil *La Geltrú* gibt's seit 1070, im 13. Jh. kam dann *Vilanova* – „die Neustadt" – hinzu. Heute ist der Ort eine Industriestadt mit einem netten alten Fischerviertel und guten Fischlokalen (am Passeig Marítim), einigen beachtenswerten Bauten der Vergangenheit (z. B. die Kirche *Santa Maria* mit Renaissancealtar, das *Castell* aus dem 13. Jh., Ausgrabungen der ehemaligen Römersiedlung *Darro*) sowie zwei interessanten Museen: Die *Casa Papiol*, ehemals Wohnhaus des Malers Joaquim Mir (1873–1940), beherbergt das Museum für angewandte Kunst des 18. Jhs., in dem Möbel und Einrichtungsgegenstände aus jener Epoche gezeigt werden (◷ Di–Sa 9.30–14, 16–18 Uhr, So 9.30–14 Uhr). Gemälde klassischer spanischer Meister vom 16.–19. Jh. sowie archäologische Sammlungen aus der Comarca Garraf, deren Hauptstadt Vilanova ist, findet man im *Museu Balaguer* (neben dem Bahnhof; ◷ Mo–Fr 9–19 Uhr, Sa 9–13, 16–20 Uhr, So 10–14 Uhr).

ℹ Torre de Ribes Roges,
08800 Vilanova, ☎ (93) 8 15 45 17,
FAX 8 15 26 93.

Barcelona, Tarragona.

Südlich Vilanova folgen mehrere kleine Badeorte mit guten Stränden. *Cubelles*, bei den Barcelonesen als Wochenenddomizil beliebt, ist der letzte Ort in der Provinz Barcelona; *Cunit*, das auf einen 2,5 km langen Sandstrand und seine romanische Kirche stolz ist, gehört schon zur Provinz Tarragona.

El Vendrell (12 000 Einw.) war schon zu Zeiten der Römer ein Verkehrsknotenpunkt. Im Süden der Stadt liegen die attraktiven Strände der eingemeindeten Orte *Coma-ruga* und *Sant Salvador*. Am Strand von Sant Salvador hat man dem berühmtesten Sohn der Stadt eine Gedenkstätte errichtet: im Elternhaus des weltberühmten Cellisten *Pablo Casals* (1876–1973) entstanden ein Konzertsaal und ein kleines Museum (◷ Di–So 11–14, 17–20 Uhr).

ℹ La Rambla, 10, 43000 El Vendrell,
☎ (9 77) 66 65 26, FAX 66 64 66.

Man bleibt den Römern auf der Spur. Nach 8 km passiert man den *Arc de Bera*. Der 12 m hohe Triumphbogen war dem reichen Spanier Lucius Licinius Sura, einem Freund Kaiser Trajans, gewidmet. Entlang den zum Teil mit schönen Stränden gesegneten Ortschaften *Torredemberra, Altafulla*, und *Tamarit* erreicht man die Peripherie Tarragonas.

** Tarragona

120 000 Einwohner zählt die Hauptstadt der gleichnamigen Provinz. Sie verfügt über den zweitgrößten Hafen Kataloniens und ist Bischofssitz. Mit sicherer Hand hatten schon die Römer Tarraco zur Hauptstadt ihrer Provinz *Hispania Citerior* erwählt, denn die Stadt liegt herrlich auf einem 70 m hohen Hügel direkt am Meer. Eine Augenweide ist die Altstadt, einst Zentrum der römischen Siedlung.

Die ersten Siedler, die die strategisch günstige Lage nutzten, kamen vom östlichen Mittelmeer. Während des Zweiten Punischen Krieges eroberten die Römer unter den Scipio-Brüdern die Stadt (nach 218 v. Chr.) und hielten sie über 400 Jahre in Besitz. Tarraco wurde ihr Hauptstützpunkt im westlichen Mittelmeer und erblühte zu einer reichen Stadt. 30 000 Einwohner jubelten Cäsar, Augustus und anderen Kaisern zu, wenn sie die Stadt besuchten.

Der Hochaltar in der Kathedrale von Tarragona, geschaffen von Pere Joan

3

Seite 59

Es gab zahlreiche Tempel, Badeanlagen, Paläste und ein Amphitheater, vornehme Römer besaßen in der Umgebung pompöse Villen. Ihre glanzvollsten Tage erlebte die Stadt als *Julia Urbs Triumphalis Tarraconensis,* Hauptstadt der römischen Provinz Hispania Citerior. Als die Römer im 5. Jh. den Westgoten weichen mußten, verlor die Stadt an Bedeutung, und die Araber (nach 714) ließen die Gebäude weiter verfallen. Obwohl nach der Eroberung Tarragonas durch den Grafen Ramon Berenguer III von Barcelona (1117) viele Ruinen wieder aufgebaut wurden, war der alte Glanz der Stadt dahin: Barcelona wurde zum Zentrum des neuen Staatsgebildes Katalonien.

3 Seite 59

Stadtrundgang: Von der Rambla Vella, heute Hauptverkehrsader der Stadt, führt der Carrer Portalet zur *Plaça de la Font* ❶. An der Westseite des Platzes, auf dem sich einst der römische Markt befand, steht das Neue Rathaus. Man folgt dem Carrer Misericòrdia, der in den Carrer Major übergeht, hügelaufwärts und steht nach wenigen Minuten vor der beeindruckenden Freitreppe zur

* **Kathedrale** ❷. Mit dem Bau der prachtvollen Basilika wurde Ende des 12. Jhs. begonnen, 1331 weihte man sie (noch unvollendet) ein. Ausdrucksstarke Skulpturen, die Maria, die Apostel und Propheten darstellen, schmücken das mächtige gotische Hauptportal von 1278, über dem eine riesige Fensterrosette prangt. Die schmaleren Seitenportale sowie der 65 m hohe Glockenturm sind romanischen Ursprungs.

Durch einen ausgeschilderten Seiteneingang gelangt man in den fast quadratischen **Kreuzgang,* der sowohl romanische Rundbogen- als auch gotische Spitzbogenelemente aufweist. Unter den reich verzierten Kapitellen ist das bekannteste das der „Procesío de las ratas", in dem Ratten eine Katze zu Grabe tragen. Im Ostteil des Kreuzgangs liegt das *Diözesanmuseum.*

Ein romanisches Portal führt vom Kreuzgang in die 104 x 54 m messende, beeindruckende Kathedrale. Schummrig fällt das Licht auf teilweise rauchgeschwärzte Wände. Das linke Seitenschiff besitzt sieben Kapellen, darunter die *Capilla dels Sastres,* die Kapelle der Schneider, mit einem Marienaltar aus Alabaster (14. Jh.). Der Chor stammt aus dem 14. Jh. und ist mit einem kunstvoll gestalteten Gestühl von Franceso Gomar ausgestattet. Im Altarraum (Capilla Major) lenkt der mächtige **Hochaltar* mit einem Aufsatz (1426–1434) von Pere Joan den Blick auf sich. In den Reliefs wird das Leben und Leiden der hl. Thekla dargestellt, der Schutzpatronin Tarragonas. Links vom Altar sieht man das Marmorgrabmal des 1334 verstorbenen Erzbischofs Juan de Aragón; es wird einem Schüler des in Florenz tätigen Bildhauers Andrea Pisano zugeschrieben (🕓 Mo–Sa 10–12.30, 16–20 Uhr).

An der von schlichten gotischen Bauten gesäumten *Plaça del Pallol* stößt man auf das *Portal del Roser* ❸, das Westtor der Römerstadt. Hier beginnt der ****Passeig Arqueològic** ❹. Der archäologische Fußweg führt auf der ehemaligen Stadtmauer um den Nordteil der Altstadt herum; er erlaubt wunderschöne Blicke auf Stadt und Meer. Die teils zyklopische Mauer war ursprünglich 4 km lang und bis zu 10 m hoch. Das römische Bauwerk (im Mittelalter erweitert) wird immer wieder von Türmen und Toren unterbrochen.

Vom Ende des Passeig ist man schnell beim *Portal de Sant Antoni* ❺, dem östlichen Eingangstor zur Altstadt. Die *Plaça del Foran* ❻ war das Forum der Antike mit einer Abmessung von 200 x 300 m. In den schmalen Gassen östlich des Platzes (C. Santa Anna, C. Talavera, C. Portella) erstreckte sich im Mittelalter das Judenviertel der Stadt. Im Carrer Santa Anna ist heute das *Museu d'Art Modern* beheimatet, das Werke zeitgenössischer Maler und Bildhauer präsentiert. Die Straße führt zur Plaça del Rei, an deren Ostseite der Blick unwillkürlich auf den *Augustuspalast* ❼ fällt. Das turmbewehrte Gebäude wurde von Augustus erbaut und später als königlicher Palast genutzt.

Unmittelbar an die Residenz schließt das ** **Museu Nacional Arqueològic ❽** an. Das Museum mit internationalem Renommee zeigt auf vier Stockwerken in neun Sälen primär Funde aus der Römerzeit: Münzen, Keramiken, Sarkophage, Skulpturen und Gebrauchsgegenstände aller Art. Im Keller des Gebäudes sind die Fundamente römischer Bauten freigelegt, über denen das Museum errichtet wurde, und im Treppenhaus ist ein 4,50 x 6 m großes Mosaik mit Meerestieren rekonstruiert, das man in einer römischen Villa nahe Tarragona entdeckte. (🕓 Di–Sa 10–13.30, 16–19 Uhr, So 10–14 Uhr.)

Außerhalb des Rundgangs: Die parallel zur Rambla Vella verlaufende *Rambla Nova* (1854 eingeweiht) ist abends Flanierboulevard der jungen wie älteren

Mosaik im Museu Arqueològic

3
Seite 59

❶ Plaça de la Font
❷ Kathedrale
❸ Portal del Roser
❹ Passeig Arqueològic
❺ Portal de Sant Antoni
❻ Plaça del Foran
❼ Augustuspalast
❽ Museu Nacional Arqueològic
❾ Amphitheater
❿ Römisches Forum
⓫ Frühchristl. Nekropole

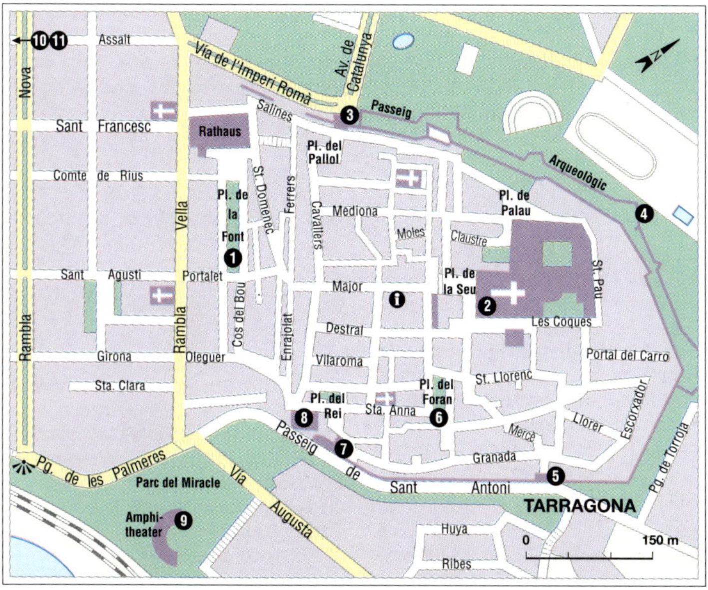

Wo das Abenteuer lockt: Port Aventura

Direkt hinter Salou signalisieren autobahnähnliche Zubringerstraßen, Parkplätze von außergewöhnlichen Dimensionen, Stacheldrahtzäune und Kassenhäuschen: Hier liegt er, Europas zweitgrößter Amüsierpark (nach Eurodisney bei Paris), hier warten Abenteuer.

Der Abenteuerpark war keine leichte Geburt. Der Streit um die zu erwartenden Steuereinnahmen, die Pleite einiger Geldgeber und bauliche Probleme zögerten die Eröffnung der „größten Sehenswürdigkeit an der Costa Daurada" immer wieder hinaus. Aber seit Mai 1995 kann's losgehen. Für rund 45 DM Eintritt pro Nase warten fünf Länderattraktionen auf die Besichtigung durch geschätzte 15 000 Gäste pro Tag: Ein mediterranes Dorf doppelt die Wirklichkeit vor den Parktoren, Polynesien präsentiert echte Tänzerinnen mit Orchideen im Haar, China kann man mit Hilfe einer riesigen Achterbahn erfahren, in Mexiko erobert man Plastikpyramiden, und in einem Western-Saloon endet der Ausflug mit dem obligatorischen Shoot-down. Wasser – in Spaniens Wirklichkeit äußerst knapp bemessen – ist im Abenteuerreich Transportmedium Nr. 1. Neben einer Bimmelbahn sorgen unzählige Kanäle für das Weiterkommen der Besuchermassen.

Wer schlapp macht, kann in 15 Restaurants garantiert exotisch speisen oder in zahlreichen Gaststätten sich ganz unexotisch selbst bedienen. Hotels brauchte man in Port Aventura nicht zu bauen, davon gibt's reichlich im benachbarten Salou und Cambrils. Und von dort strömen auch die Besucher zum Abenteuerpark: denn jeden Tag am Strand zu liegen oder die immer gleichen Ramschgeschäfte zu beehren, wird auf Dauer auch dem eingefleischtesten Pauschalurlauber zu viel – dann doch zur Abwechslung mal den Hamburger auf der Chinesischen Mauer genießen, auch wenn sie nur aus Kunststoff ist…

3
Seite 59

Bevölkerung. Tagsüber blickt man von ihrem Ostende, dem *Balcó del Mediterrani* mit einem Denkmal für Roger de Llúria (Admiral der katalanischen Flotte, die im 13. Jh. Menorca eroberte), auf das 35 m tiefer liegende Meer und den kleinen Stadtstrand *Platja del Miracle*. Linker Hand sind am Hang die Reste des römischen *Amphitheaters* ❾ zu sehen, das 12 000 Zuschauern Platz bot. Am Carrer Lleida stehen in einer Grünanlage Reste eines *römischen Forums* ❿ und eines römischen Theaters, am Passeig de la Independéncia hat man eine *frühchristliche Nekropole* ⓫ entdeckt: Die über 2000 Gräber stammen aus der Zeit zwischen dem 3. und 5. Jh. (Museu Paleocristià).

Etwa 4 km nördlich der Stadtzentrums (Richtung Lleida) ist noch der römische *Aquädukt* zu bewundern. Die Wasserbrücke wurde im Auftrag von Kaiser Trajan errichtet; sie mißt 217 m in der Länge und erreicht bis zu 29 m Höhe.

5 km nördlich, nahe der Ortschaft *Constantí*, lohnt das *Mausoleum von Centcelles* vor allem wegen seiner Mosaiken einen Besuch. Ein wohlhabender römischer Gutsbesitzer hatte es sich im 4. Jh. erbauen lassen.

ℹ Fortuny, 4, 43001 Tarragona, ☎ (9 77) 23 34 15, Fax 24 47 02; Major, 39, 43003 Tarragona, ☎ 24 55 07.

✈ In Reus, 13 km nordwestlich, Charterflüge, nationale Verbindungen.
Bahn: Barcelona, Lleida, València.
Ⓗ **Imperial Tarraco,** Rambla Vella, 2, ☎ 23 30 40, Fax 21 65 66. Wie die Paläste der Römer thront das Hochhaus unübersehbar über dem Meer. Ⓢ
Lauria, Rambla Nova, 20, ☎ 23 67 12, Fax 23 67 00. In einem Palast direkt an der Rambla Nova unter-

gebracht und trotzdem ruhig. ($)

Astari, Via Augusta, 95, ☎ 23 69 00, 📠 23 69 11. Verfügt über ein gutes Restaurant. ($)

🅡 **Eugeni i Montse,** Pl. de la Font, 10, ☎ 24 14 64. Serviert Köstlichkeiten der Region, z. B. Paella Marinesa. ($)

Mediterraneo. In der Cafeteria am Meeresbalkon ist abends immer viel los. ($)

⚠ **Las Palmeras,** ☎ 23 67 22. Beste Kategorie.

Im Ebre-Delta wird Reisanbau betrieben

3

Seite 57

Salou (5200 Einw.) ist nicht nur eine Touristenhochburg ersten Ranges, in der täglich Charterbusse aus allen Teilen Europas eintreffen, sondern auch Anlaufstelle für Jugendliche aus Tarragona und Reus, die abends in die Diskoszene des Ortes eintauchen. Die Entstehung Salous geht auf eine Siedlung der Phönizier zurück, später diente es den Römern als wichtiger Hafen. Im Mittelalter starteten die aragonesischen Flotten hier zu ihren Kreuzzügen.

Von der vergangenen Herrlichkeit zeugen nur wenige Relikte wie die *Torre Vella* (1530) oder die *Masia Catalana.* Unstrittige Hauptanziehungspunkte sind die beiden Strände *Platja Ponent* und *Platja Llevant,* die von Hotelbauten, Vergnügungszentren und dem Jachthafen umrahmt sind.

Harte Arbeit, idyllisch verbrämt

In der Hauptsaison ist in Salou täglich Karneval und Kirmes zugleich. Dazu paßt die neue Hauptattraktion des Ortes, der Abenteuerpark *Port Aventura,* den man nördlich des Zentrums aus dem Boden gestampft hat. Für viel Eintrittsgeld wird Vergnügen à la Disney geboten, rasante Wasserfahrten aller Spielarten inbegriffen (☎ 9 02 20 22 20).

🛈 Montblanc, 1, 43840 Salou, ☎ (9 77) 38 01 36, 📠 38 07 47

Das Römische Amphitheater in Tarragona

Tarragona, Barcelona, València.
Das Angebot an Hotels und Restaurants in Salou ist riesig, die Besitzer wechseln schnell. In der Regel sind die Betriebe durch Pauschaltouristen ausgelastet.

Cambrils (12 000 Einw.) ist mittlerweile mit Salou zusammengewachsen. Das ehemalige Fischer- und Bauerndorf konnte sich aber von seiner ländlichen Atmosphäre mehr erhalten als die Nachbargemeinde. Die Altstadt ist noch intakt, die Hafenpromenade nicht total verbaut. Auffällig ist der respektheischende Glockenturm, im Mittelalter zum Schutz gegen Piraten erbaut. Unter Seglern ist der große Jachthafen der Stadt ein Begriff.

3
Seite 57

Pl. Creu de la Missió, 1, 43850 Cambrils, (9 77) 36 11 59, 79 16 62.

Port Eugeni, Rambla Jaime I, 49, 36 52 61, 36 56 13. Am Hafen gelegen, mit Swimmingpool. ($)
Can Gatell, Paseo Miramar, 27, 36 00 57. Weithin bekannt für seine Vorspeisen. ($$)

Hinter Cambrils beginnen die langen, flachen Strände der Costa Daurada. Die meisten Orte am Meer sind erst in den letzten Jahrzehnten aus dem Boden gestampft worden. Man folgt der N 340, die über viele Kilometer dicht an der Küste nach Süden führt; parallel dazu verläuft die Autobahn E 15.

Amposta (15 000 Einw.), die sehenswerte Hauptstadt der südlichsten katalanischen Comarca (Montsià), kann den Einfluß der Mauren nicht verleugnen. Das südspanische Gepräge der Stadt und der von den Arabern errichtete Turm *La Càrrova* sind untrügliche Indizien dafür.

Av. Sant Jaume, 1, 43870 Amposta, 70 34 53.

Östlich von Amposta erstreckt sich der weit ausladende und ständig wachsende Landfächer, den der Riu Ebre mit seinen mitgeführten Schlammassen aufgeschüttet hat, das ****Delta de l'Ebre.** Schmale Landstraßen durchziehen das Mündungsgebiet, in dem Reis-, Obst- und Gemüseanbau betrieben wird; außerdem leben die Bewohner von Muschelzucht und Fischfang. Zum Meer hin findet man eine herrliche, fast unberührte Dünenlandschaft mit einzigartiger Tier- und Pflanzenwelt. Seit 1983 steht das gesamte Delta unter Naturschutz (s. S. 22). Die beiden Hauptortschaften *Deltebre* und *Sant Jaume d'Enveja* sind durch eine halbstündlich verkehrende Autofähre miteinander verbunden.

Martí Buera, 22, 43580 Deltebre, (9 77) 48 96 79, 48 95 11.

Amposta, Tarragona, València.
In Deltebre gibt es nur Pensionen ($) und 2 Campingplätze, **L'Aube** und **Riomar.**

Das Fischereizentrum **Sant Carles de la Ràpita** (10 000 Einw.) hat sich aufgrund seiner schönen Lage an der Bucht von *Les Alfacs* auch touristisch einen Namen gemacht. Der Ort ist insbesondere bekannt für seine schmackhaften Langustengerichte.

Pl. Carles III, 43540 Sant Carles, (9 77) 74 01 00, 74 46 24.

Aparthotel La Ràpita, Pl. Lluís Companys, 74 15 07, 74 19 54. Genügt hohen Ansprüchen. ($)
Miami Park, Av. Constitución, 33, 74 03 51, 74 11 66. Ein ausgezeichnetes Restaurant („Miami Can Pons") ist angeschlossen. ($)
Gute kleinere Unterkünfte sind das **Llansola** und das **Juanito** am Ministrand Playa Miami.
Can Victor, Pou Figueretes, 7, 74 14 58. Die Restaurantkette ist mehrfach im Hafen vertreten; spezialisiert auf Meeresfrüchte. ($)
Zahlreiche Plätze am Meer.

Hinter Sant Carles beginnt der Küstenabschnitt *Costa del Azahar,* der bereits zur Provinz Castellon, d. h. zur Autonomen Region València gehört.

Route 4

Im Schatten der Pyrenäen

Girona – Banyoles – Ripoll – Puigcerdà – * La Seu d'Urgell (202 km)

Ein abwechslungsreicher Tagesausflug führt entlang dem See von Banyoles durch das Vulkangebiet der Region Garrotxa zum Benediktinerkloster in Ripoll. Danach wird es ernst: Konnte man bisher die nahen Pyrenäen nur ahnen, so muß man sie sich jetzt erfahren. Bis auf 1800 m Höhe schraubt sich die Straße die Berge hinauf nach Puigcerdà. Wer bis nach Seu d'Urgell will oder nach Andorra, sollte eine Übernachtung einplanen, bevor er zurückkehrt ans mediterrane Gestade.

Sant Feliu, heute Pfarrkirche, war in die Stadtbefestigung integriert

4

Seite 65

Girona

Die Hauptstadt (90 000 Einw.) der gleichnamigen Provinz, die das gesamte Gebiet der Costa Brava mit einschließt, ist einer der ältesten Bischofssitze Kataloniens sowie ein bedeutendes Handelszentrum. Vier Flüsse durchziehen die Stadt, wobei Riu Onyar, Riu Güell und Riu Galligants innerhalb des Stadtgebiets in den Riu Ter münden. Zwischen Ter und Onyar liegt das Gebiet der *Neustadt*. Ihr Bild wird bestimmt von den drei großen Plätzen Plaça d'Espanya, Plaça d'Europa und Plaça dels Països Catalans sowie dem Parc de la Devesa an den Ufern des Riu Ter. Die ** Altstadt zieht sich vom Nordufer des Onyar den Hügel hinauf.

Die Altstadt von Girona liegt am rechten Ufer des Riu Onyar

Die Ursprünge der Stadt gehen auf die Iberer zurück (5. Jh. v. Chr.). Ihnen folgten die Römer, die die Siedlung am wichtigen Transportweg zwischen den

Im Ruheraum der Banys Àrabs: schlanke Säulen, feine Kapitelle

Pyrenäen und Tarragona „Gerunda" nannten. Nach einer arabischen Periode mit einem fränkischen Intermezzo fiel die Stadt im 9. Jh. endgültig an den Grafen von Barcelona. Sie erlebte ihre Blütezeit nach dem Zusammenschluß der Grafschaft mit dem Königreich Aragón 1134. Immer wieder war Giro-

Die Juden von Girona

Man schreibt das Jahr 888. Eine Gruppe von fremdländisch gewandeten jungen Menschen kommt in Girona an. Es handelt sich um Juden, die vom Grafen Dela herzlich willkommen geheißen werden. Zuerst sind es zwei Dutzend Familien, die in den engen und feuchten Gassen bei der Kathedrale ihre Behausungen einrichten, später – zur Blütezeit des Viertels – leben fast 1000 Juden hier. Es entwickelt sich eine jüdische Gemeinschaft, ein eigenes Viertel, *El Call* genannt (nach dem hebräischen Kahal = Gemeinschaft; im Spanischen schwingt die Bedeutung „enge Gasse" mit). Das Quartier, das fast 10% der Gesamtbevölkerung der Stadt in seinen Mauern beherbergt, steht unter dem Schutz des Königs und stellt einen eigenen Bürgermeister. Bis zum 12. Jh. leben Juden und Christen friedlich nebeneinander. Die einen führen ihren Heiligen Krieg gegen die Mauren, die anderen sind für Geschäfte und finanzielle Unterstützung zuständig.

Im Jahre 1194 wird im Call von Girona Moses ben Nahman geboren. Der Arzt und Philosoph macht sich um die schriftliche Niederlegung der Kabbala verdient und avanciert zum Großrabbi von ganz Katalonien. Soviel Macht ist König Jaume I suspekt, und er läßt den Schriftgelehrten, auch Nahmanides genannt, zu einem viertägigen Disput mit einem konvertierten Juden antreten. 1267 wird er nach Jerusalem verbannt, wo er drei Jahre später stirbt.

Waren das erste Anzeichen aufkommender Zwietracht, so wird in der Folgezeit der Druck auf die Juden Gironas immer größer. Der Glanz Kataloniens verblaßt, Krieg und Pest werfen tiefe Schatten. 1333 nennt man in Katalonien das *lo mal any primer* („das erste schlechte Jahr"). Hungersnöte und Aufstände erschüttern das Land. Der Zorn des Volkes richtet sich, wie oft in solchen Situationen, auf die jüdische Minderheit. Sie werden in ihren Ghettos eingesperrt und müssen besonders gekennzeichnete Kleidung tragen. Auch in Girona kommt es zu Übergriffen und Brandstiftungen.

Ganz schlimm wird es für die kleine Gemeinde nach der Vermählung von Ferdinand von Aragón mit Königin Isabella I. von Kastilien (1469). Die „Reyes Católicos" rufen die Inquisition aus und zwingen alle Nichtchristen unter brutaler Verfolgung zur Konvertierung. Nach dem endgültigen Sieg über die Mauren kennt der religiöse Wahn keine Grenzen mehr. Im Verdikt vom 31. März 1492 werden alle Juden des Landes verwiesen, es sei denn sie bekehrten sich zum Christentum, was aber nicht vor weiterer Verfolgung und Überprüfung durch die Inquisition schützte. Das kleine Judenviertel von Girona wird zugemauert und dämmert menschenleer vor sich hin.

Erst in den letzten Jahren, insbesondere seit 1992, als man des 500. Jahrestages der Vertreibung gedachte, beginnt sich El Call wieder mit Leben zu füllen. In dem Gebäude, in dem sich die letzte Synagoge befand, entsteht das *Institut Nahmanides*, das die Geschichte der Juden Gironas und ihres berühmtesten Gelehrten dokumentieren soll. Für den Besucher Gironas lohnt es sich, außer für das übliche Pflichtprogramm (Kathedrale und Arabisches Bad) ein wenig Zeit für die jüdische Vergangenheit der Altstadt mitzubringen.

4

Seite 65

na wegen seiner strategisch günstigen Lage Objekt längerer Belagerungen; insgesamt wurde die Stadt 34 Mal vergeblich belagert.

Rundgang: Eine Entdeckung der malerischen Altstadt beginnt man am besten am **Pont de Pedra** ❶. Diese Steinbrücke ist die einzige ihrer Art, die anderen malerischen Fußgängerstege über den Onyar sind aus Holz. Direkt links hinter der Brücke zweigt die *Rambla de la Libertat* ab, mit ihren Lokalen tagsüber wie nachts Haupttreffpunkt in der Stadt. Von der Plaça del Vi folgt man dem Carrer Ciutadans.

Bevor man die *Plaça de l'Oli* erreicht, fällt linker Hand eine Fassade mit Dreifachfenstern und Säulen auf. Sie gehört zur **Fontana d'Or** ❷, einem Patrizierhaus, in dem sich spätromanische und gotische Stilelemente miteinander verbinden (sehenswert auch die Rückseite des Hauses sowie die gotische Loggia im Wohntrakt).

An der Plaça de l'Oli beginnt das stimmungsvolle Judenviertel **Call** ❸. In den engen Gassen rund um den Carrer Força lebte seit dem 9. Jh. bis zu ihrer peinvollen Vertreibung 1492 eine reiche jüdische Gemeinde, die wesentlichen Anteil am Handel hatte und das gesellschaftliche Leben der Stadt mitprägte. Vom Platz aus führt eine Treppe den Hügel hinauf – an dem ungewöhnlicherweise über einem Torbogen errichteten *Palau dels Agullana* vorbei – zur Jesuitenkirche Sant Martí (17. Jh.). Weiter hinauf geht's zur Plaça Sant Domènec.

An ihrer Ostseite erkennt man die Fassaden des alten Klosters **Sant Domènec** ❹ mit einer frühgotischen Kirche (um 1300). Sehenswert ist auch der gotische Kreuzgang und die Barockkapelle. Ebenfalls an dem Platz liegen Gebäude der 1443 gegründeten Universität. Die Renaissancefassade mit dem Habsburgerwappen verweist auf die Blütezeit der Lehranstalt zwischen dem 16. und 18. Jh., als Girona ein Zentrum der Wissenschaften in Katalonien war.

Im Judenviertel

❶ Pont de Pedra
❷ Fontana d'Or
❸ Judenviertel (Call)
❹ Kloster Sant Domènec
❺ Museu d'Art
❻ Kathedrale
❼ Sant Feliu
❽ Banys Àrabs
❾ Sant Pere de Galligants

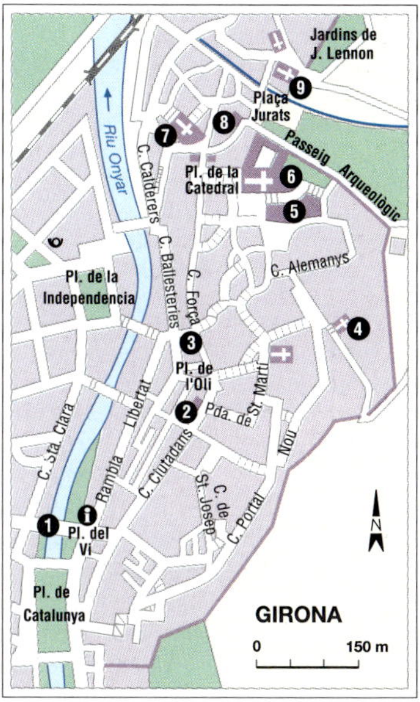

4

Seite
65

Durch den Carrer Alemanys gelangt man weiter bergauf zu den Resten der alten Stadtmauer und dem *Passeig Arqueològic*, einem Rundweg, der um den Nordteil der Altstadt herumführt.

Vom ehemaligen Wehrturm *Torre Gironella i Muralles* hat man ein vorzügliches Panorama der Altstadt und des Umlandes. Durch die schmale Gasse Sant Cristòfol geht es wieder hügelabwärts, vorbei an der mächtigen Apsis der Kathedrale, zur Plaça dels Apostols.

Im ehemaligen Bischofspalast dessen Fassade aus dem 12. Jh. ein Torbogen mit der Kathedrale verbindet, ist das **Museu d'Art** ❺ untergebracht. Es sind hier vor allem religiöse Kunstwerke aus einer Vielzahl kleiner Kirchen in Katalonien, z. B. die romanischen Wandmalereien aus Pedrinya (12. Jh.) oder die gotischen Altäre von Lluís Borrassà und Pedro Fontaines, die Kunstliebhaber begeistern (🕓 Di–Sa 10–19 Uhr, So/Fei 10–14 Uhr).

4

Seite 65

Eine mächtige Freitreppe bringt den Besucher zum prachtvollen Hauptportal einer der schönsten Kirchen ganz Kataloniens, der * **Kathedrale** ❻. Über vierhundert Jahre hat man ab 1312 an der stolzen Basilika gearbeitet. Entsprechend vielfältig sind die Stilelemente, die in den Bau eingeflossen sind: Während im Chor die Gotik den Ton angibt, fand in der Fassade die Renaissance Ausdruck. Die einschiffige Hallenkirche ist 34 m hoch und bei einer Länge von 63 m (ohne Kapellen) 23 m breit. Diese Breite ist für ein gotisches Kirchenschiff einmalig in Europa. Im dreischiffigen Chorraum verdienen der romanische Marmoraltar aus der Vorgängerkirche, der mit über 300 Emailtafeln geschmückte Altaraufsatz aus dem 14. Jh. mit Silberbaldachin und ein Bischofsstuhl aus dem 11. Jh. eine aufmerksame Betrachtung.

Gegenüber dem Haupteingang liegt der Zugang zu den drei Kapitelsälen, in denen das eindrucksvolle ** **Museu Capitular de la Catedral** untergebracht ist (🕓 tgl. außer Mo 10–14, 16–19 Uhr; Juli/August 10–19 Uhr). Kaum faßbar, welch kostbarer Kirchenschatz hier im Verlauf von Jahrhunderten zusammengetragen wurde! Im Mittelpunkt der Ausstellung stehen ein einzigartiger ** *Wandteppich* aus dem 12. Jh., auf dem in 31 Feldern die Schöpfungsgeschichte dargestellt ist, und ein * *Kommentar zur Apokalypse* aus dem Jahre 975 von Beatus von Liébana, eines der herausragendsten Zeugnisse katalanischer Buchmalerei. Neben den Kapitelsälen liegt der *Kreuzgang* aus romanischer Zeit mit auffälligen Doppelsäulen und Friesen; an der Seite zur Kathedrale hin Reliefs, die die Erschaffung der Welt und Szenen aus dem Alten Testament darstellen.

Am Fuß der Freitreppe geht man durch das Stadttor *Sobreportes* (14. Jh.), das einst von der Familie des Torwächters bewohnt wurde. Dahinter erblickt man die Kirche **Sant Feliu** ❼ (13.–16. Jh.). Eine Besonderheit stellen die acht römischen und frühchristlichen Sarkophage in den Wänden des Altarraums und die prunkvolle Kapelle (1782) des Stadtheiligen Narciso dar.

Banys Àrabs ❽. Daß die *Arabischen Bäder* in ihrer heutigen Gestalt auf Christen zurückgehen, kann man z. B. daran erkennen, daß Rundbogen und nicht Hufeisenbögen, wie in der maurischen Kultur üblich, verwendet wurden. 1295 entstand der Bau im Mudéjarstil auf den Überresten einer arabischen Badeanlage. (🕓 Di–Sa 10 bis 13, 16–18 Uhr, So 10–13 Uhr.)

Jenseits des schmalen, fast ausgetrockneten Riu Galligants entstand im romanischen Benediktinerkloster **Sant Pere de Galligants** ❾ (Baubeginn 1131) das *Archäologische Museum.* Neben vorgeschichtlichen Funden sowie griechischen und römischen Keramiken ist die ungewöhnliche Sammlung hebräischer Grabsteine beachtenswert 🕓 Di bis Sa 10–13, 16.30–19 Uhr, So/Fei 10 bis 13 Uhr). Gegenüber finden in der kleinen Kirche *Sant Nicolau* (12. Jh.) Wechselausstellungen statt.

ℹ Rambla de la Llibertat, 1, 17004 Girona, ☎ (9 72) 22 65 75, 📠 22 66 12; Estació RENFE, ☎ 21 62 96.

✈ Madrid; Charterverkehr.
Costabella, Av. de Franca, 61, ☎ 20 25 24, 📠 20 22 03. In Fußnähe zur Altstadt. $$
Hübsche kleine Unterkünfte im Altstadtbereich, z. B. das liebevoll eingerichtete **Hostal Bellmirall,** Bellmirall, 3, ☎ 20 40 09 (nur 7 Zimmer, daher reservieren). $
Albereda, Albereda, 7, ☎ 22 60 02. Zählt zu den besten Adressen der Stadt. $$
L'Hostalet del Call, C. Claveria. Traditionelles Lokal mit rustikalem Ambiente. $

Eingebettet in eine sanfte, waldreiche Hügellandschaft, erstreckt sich **Banyoles** (13 000 Einw.) am Rande des größten Binnensees Kataloniens, der von unterirdischen Karstquellen gespeist wird. Der See hat eine Ausdehnung von 2 km Länge, 700 m Breite und ist bis zu 40 m tief. 1992 fanden hier die Ruderwettbewerbe der Olympischen Spiele statt. Für die Bewohner Gironas ist das Gewässer Naherholungsziel Nr. 1.

In der Altstadt stehen Reste des ehemaligen Klosters *Sant Esteve,* das im 9. Jh. gegründet wurde und als Mutterkloster von Sant Pere de Rodes gilt (s. S. 40). Die Klosterkirche, nach vielen Zerstörungen zuletzt klassizistisch wiederaufgebaut, birgt einen beachtenswerten spätgotischen Altar (1437) von Joan Antigo.

Schöne Zeugnisse frühen kirchlichen und profanen Bauens sind außerdem *Santa Maria dels Turers* (13. Jh.) und einige Patrizierhäuser, wie die *Casa de la Pia Almoina* (14. Jh.), in dem das *Museu Arqueològic Comarcal* untergebracht ist. Neben dem Stadtarchiv verfügt das Museum über eine bedeutende Sammlung prähistorischer Funde, darunter die *Mandíbula de Banyoles.* Dieser Kiefer einer Neandertalerfrau wurde

Außen schlicht, innen prächtig: die Kathedrale von Girona

Dem Stadtpatron Narciso ist eine Kapelle in S. Feliu gewidmet

Eine mittelalterliche Brücke ist das Wahrzeichen von Besalú

4
Seite 75

1887 in der Nähe des Sees entdeckt und gilt als ältester vorgeschichtlicher Fund in Katalonien (🕓 tgl. außer Mo 10.30–13, 16–18.30 Uhr).

Auf dem malerischen alten *Marktplatz* wird jeden Mittwoch ein traditioneller Markt abgehalten.

🛈 Pg. Industria, 25, 17820 Banyoles, ☎ (9 72) 57 55 73, 📠 57 49 17.
⛺ **El Sombrero,** Ctra. Girona–Olot, s/n, ☎ 57 11 33.

***Besalú** (2000 Einw.), 28 km, eindrucksvoll zwischen Riu Fluvià und dem Flüßchen de Capellada gelegen, sollte zum Standardprogramm eines Katalonien-Besuchs gehören. Der mittelalterliche Ortskern steht als Nationalmonument unter Denkmalschutz.

Über dem Ort thronen die Ruinen der Kirche *Santa Maria* (12. Jh.), Relikte aus der Zeit, als Besalú Grafensitz und kurz sogar Bischofssitz war. Unterhalb des Hügels, am Carrer Major, steht die romanische Kirche *Sant Vicenç* (13. Jh.) mit einem Glockenturm aus dem 16. Jh.

Der Carrer Major führt zur romantischen, mit Arkadengängen umgebenen *Plaça Major.* Von hier aus ist es nicht weit zur Pfarrkirche *Sant Pere.* Der romanische Kirchenbau war ursprünglich Teil eines Benediktinerklosters, das im 19. Jh. zerstört wurde. An der eher schlichten Fassade fällt ein Fenster auf, dessen reich verzierte Säulen von zwei Löwenfiguren eingerahmt werden. Sant Pere gegenüber sieht man den gotischen Stadtpalast *Casa Cornellà,* in dessen schönen Innenhof man einen Blick werfen sollte.

Das jüdische Bad *Mikwah* (nördl. von Sant Pere), gehörte zu den Einrichtungen einer nach 1268 hier entstandenen Synagoge, dem Treffpunkt der großen jüdischen Gemeinde des Ortes. Vom Vorplatz der Mikwah aus genießt man einen herrlichen *Blick auf das Wahrzeichen der Stadt: die mittelalterliche *Brücke* (1315) über den Riu Fluvià.

🛈 Plaça de la Libertad, 1, 17850 Besalú, ☎ (9 72) 59 12 40, 📠 59 04 11.

Hinter Besalú beginnt die *Zona Volcànica de la Garrotxa,* ein Vulkangebiet, das von den Vulkanen Montsacopa, Monte Olivet und La Garrinada geschaffen wurde und heute unter Naturschutz steht (s. S. 23). Die Auswirkungen der vulkanischen Tätigkeit kann man besonders deutlich in ***Castellfollit de la Roca*** sehen. Eindrucksvoll liegen die Häuser auf einem 60 m hohen und 1 km langen Basaltgrat, in den sich der Riu Fluvià eingegraben hat.

Die im 9. Jh. gegründete Stadt **Olot** (25 000 Einw.) wurde 1427 von einem Erdbeben nahezu völlig zerstört, so daß man fast nur historische Bauten späterer Zeit im Ortskern findet, darunter die Pfarrkirche *Sant Esteve.* Sie wurde 1750 auf den Überresten einer romanischen Vorgängerin erbaut. Im Inneren ist ein Altar aus der Schule des Meisters von Olot zu bestaunen und in einem kleinen angeschlossenen Museum u. a. das Gemälde „Der kreuztragende Christus" von El Greco.

Im Carrer de Hospici sind in einem alten Hospital (18. Jh.) das *Museu Comarcal de la Garrotxa* sowie das ****Museu del Hospici*** untergebracht. Ersteres ist der Geschichte der Region gewidmet, letzteres wartet mit einer interessanten Präsentation von Skulpturen neuerer katalanischer Bildhauer auf, während der Schwerpunkt des *Museu d'Art Modern* (in einem Anbau) bei den Malern der „Schule von Olot" liegt. Im 19. Jh. entwickelte sich diese Schule auf Initiative des Malers *Joaquin Vareyada i Vila* (1843–1894). Ihr vorrangiges Thema war Landschaftsmalerei, inspiriert von der vulkanisch geprägten Umgebung des Ortes. (🕓 Museen: tgl. außer Di 10–14, 16–18 Uhr, So 10–14.)

Die naturwissenschaftlichen Hintergründe der eigenwilligen Landschaftsentstehung legt hingegen das *Casals dels Volcans* (Vulkanmuseum) im Stadtpark dar.

4

Seite 75

ⓘ C. de Mulleres, 33,
☎ (9 72) 27 02 42, 📠 27 12 11.

Von Olot führt die C 150 weiter westwärts Richtung Ripoll. Nach 12 km hat man die Möglichkeit, einen lohnenswerten Abstecher nach **Sant Joan de les Abadesses** zu machen. Hauptattraktion des kleinen Städtchens (4000 Einw.) am Ufer des Riu Ter mit einem schönen Marktplatz ist die Kirche **Sant Joan*. Sie ist Überbleibsel eines Benediktinerklosters, das vom 9. Jh. bis zum 19. Jh. bestanden hatte. Die einschiffige, romanische Kirche (12. Jh.) zeichnet sich durch eine ungewöhnliche T-Form aus, mit einem extrem breiten Chorhaupt im Osten. Raumbeherrschend ist ein romanisches **Altarkunstwerk:* die farbig gefaßte, sieben Figuren umfassende Kreuzabnahme-Gruppe von 1250. Das rechte Querhaus schmückt ein gotischer Altar zu Ehren von Maria La Blanca; 18 Relieftafeln (1443) illustrieren das Leben der Heiligen. Außerhalb der Kirche (links neben dem Hauptportal) liegt der Zugang zum gotischen *Kreuzgang,* der mit einer schönen Kassettendecke prunkt, und zum *Klostermuseum* (🕓 tgl. 11–14, 19–19 Uhr).

Auch in Besalú ist eine Mikwah (jüdisches Bad) erhalten

Sant Joan de les Abadesses

Die Kleinindustrie – Textil- und metallverarbeitende Betriebe – ist heute Hauptwirtschaftsfaktor von **Ripoll** (13 000 Einw.), einer verschlafen wirkenden Provinzstadt am Zusammenfluß von Riu Freser und Riu Ter. Im Mittelalter jedoch spielte sich Ripoll als Ausgangspunkt der Rückeroberung (Reconquista) katalanischer Gebiete aus arabischer Hand ins Rampenlicht. Eine zentrale Rolle kam dabei dem Benediktinerkloster *Santa Maria* zu, das auf eine Klostergründung von 589 zurückgeht. Graf Guifré I ließ 888 die von den Arabern zerstörte Anlage wiederaufbauen; im 11. Jh. wurde von hier aus unter dem mächtigen Abt Oliba auch die Gründung des berühmten

Im Chor der Klosterkirche S. Joan: eine romanische Kreuzabnahme

4
Seite 75

** Klosters Montserrat* (s. S. 38) in die Wege geleitet.

Die Klostergebäude liegen mitten in der Stadt. Ihr Prunkstück ist das ** siebenbogige Hauptportal* (um 1200) der Klosterkirche. Eine Glaswand soll die wunderschönen Reliefs biblischer Szenen vor dem weiteren Verfall, verursacht von Umwelteinflüssen und Vandalismus, bewahren. Das Gotteshaus selbst ist im Lauf der Jahrhunderte immer wieder um- und neu aufgebaut worden (zuletzt Ende des 19. Jhs.), so daß es seine Stilreinheit einbüßte. Im Inneren sind die Gräber des Klostergründers *Guifré* und zahlreicher Grafen zu besichtigen, im zweistöckigen ** Kreuzgang* (rechts vom Portal), der zwischen 1172 und 1509 entstanden ist, ein Kanon biblischer Szenen und filigraner Ornamente auf den Kapitellen.

4

Seite 75

Direkt neben dem Kloster liegt die kleine Kirche *Sant Pere* (12. Jh.), in der das *Museu Arxiu* untergebracht ist. In 13 Räumen sind kunsthandwerkliche Gegenstände aus der Region, Keramiken, Trachten und auch Waffen ausgestellt, denn Ripoll war zwischen dem 16. und 18. Jh. ein Zentrum der europäischen Waffenproduktion (tgl. außer Mo 9.30–13.30, 15.30–19 Uhr).

Plaça Abat Oliba, 3, 17500 Ripoll, (9 72) 70 23 51, 70 06 00.

Puigcerdà, Vic, Barcelona.

Ohne große Mühen läßt sich auf der gut ausgebauten N 152 der Anstieg zu den höheren Regionen der *Pyrenäen* bewältigen; je mehr man an Höhe gewinnt, um so grandioser wird die Landschaft.

In dem Ferien- und Kurort *Ribes de Freser* (3000 Einw.) liegen die hohen Gipfel der Pyrenäen schon in Sichtweite. Mit einer Zahnradbahn, die Anfang der 30er Jahre gebaut wurde, kann man in das 13 km entfernte *Nuria* fahren, das unterhalb des höchsten Gipfels der Ostpyrenäen, des *Puigmal* (2909 m) liegt; als Alternative kann man auch erst in dem malerischen Bergdorf ** Queralbs* (1220 m; dort endet die Straße) zusteigen und von Nuria aus dorthin zurücklaufen (ca. 1 Std.).

Puigcerdà (6000 Einw.), die malerisch am Riu Segre in 1215 m Höhe gelegene Hauptstadt der Comarca La Cerdanya, ist ein Ferien- und Durchgangsort im Schnittpunkt dreier Länder: Frankreich, Spanien und Andorra. 1177 wurde sie von Alfonso I gegründet. Von der Kirche *Santa Maria* (14. Jh.) blieb nach den schweren Zerstörungen, die der Ort im Spanischen Bürgerkrieg erlitt, nur wenig übrig (Turm und Marmorportal), während die ebenfalls beschädigte Kirche *Sant Domènec* (15. Jh.; gotische Wandgemälde) wiederaufgebaut wurde. Sehr viel Flair besitzt der Marktplatz mit seinen Arkadengängen sowie der im Norden der Stadt gelegene See.

C. Querol, 1, 17520 Puigcerdà, und (9 72) 88 05 42.

Del Lago, Av. Dr. Piguillem, 7, 88 10 00, 14 15 11. Ein kleines, aber feines 13-Zimmer-Hotel mit Garten und Swimmingpool. $

Unvergeßliche Bergpanoramen versprechen bei schönem Wetter auch die letzten 50 Kilometer bis La Seu d'Urgell: im Süden die 2500 m hohen Gipfel der *Serra del Cadí,* im Norden die fast 3000 m erreichende Bergkette der *Cerdanya*. Einen absolut spektakulären Blick hat man im Abendlicht von dem kleinen Ort *Lles* aus (Bergstraße ab Martinet) auf das Cadí-Massiv.

*** La Seu d'Urgell** (10 000 Einw.) zählte früher zu den prunkvollsten und mächtigsten Städten Kataloniens. Seit dem 6. Jh. ist die Stadt Bischofssitz, und im Mittelalter entstanden hier prächtige Bauten. Obgleich Markt- und Verwaltungszentrum, liegt La Seu heute ein wenig vergessen am Zusammenfluß von Riu Segre und Riu Valira. Die mitten durch den Ort verlaufende olympische Wildwasseranlage für die Kanuten hat daran nichts ändern können.

In der **Altstadt** mit ihren schmalen Gassen und Arkadengängen steht ein glanzvolles Erbstück der Vergangenheit, die *Kathedrale Santa Maria.* Der dreischiffige Sakralbau entstand ab 1116 unter der Leitung eines lombardischen Baumeisters. Italienischen Einfluß verrät z. B. die schmale Galerie mit Doppelsäulen an der mittleren Apsis des Querhauses. Auffällig auch die beiden unvollendet gebliebenen Türme, die nicht über den First der Kirche hinausragen. Das Innere der 38 m langen und 21 m hohen Basilika, das man durch das mit Löwen- und Menschenfiguren verzierte Hauptportal betritt, wirkt schlicht (viele Kunstwerke wurden im Bürgerkrieg zerstört). In der Mittelapsis ist eine romanische Madonnenstatue zu sehen.

Südlich grenzt an die Kathedrale der romanische *Kreuzgang* (13. Jh.) mit 50 zum Teil reich verzierten Granitkapitellen; Zugang hat man nur über das *Museu Diocesà.* Dessen Sammlungen umfassen Wandmalereien, Altaraufsätze, Skulpturen und Sakralgegenstände sowie alte Karten und Handschriften, darunter eine Apokalypse von Beatus von Liébana (10. Jh.).

Zum Museumsbereich gehört auch die Kirche Sant Miquel aus dem 11. Jh. mit eindrucksvollen Fresken. (Ⓒ Juni–Okt. 10–13, 16–19 Uhr, So 10–13 Uhr, sonst nur vormittags.)

ⓘ Parc del Segre, 25700 La Seu d'Urgell, ☎ (9 73) 35 15 11, FAX 35 01 65.

Ⓗ **Parador de la Seo de Urgel,** Santo Domingo, 6, ☎ 35 20 00, FAX 35 23 09. Direkt bei der Kathedrale gelegene Komfortresidenz, mit Hallenbad. $$
Andria, Plaça Joan Brudieu, 24, ☎ 35 03 00, FAX 35 19 58. In einem modernistischen Gebäude untergebracht; Pension mit familiärer Atmosphäre. $

Ⓡ **El Castell,** an der N 260, ☎ 35 07 04. Schöne Berglage; hier läßt es sich fürstlich übernachten und speisen (Tip: Regenbogenforelle). $$$

Im zweistöckigen Kreuzgang des Klosters Santa Maria, Ripoll

In der Umgebung von Puigcerdà

Blick auf die Kathedrale von La Seu d'Urgell

4
Seite 75

Route 5

Zahlen Sie in Franc oder Peseta?

*La Seu d'Urgell – Andorra la Vella – Port d'Envalirà (60 km)

Die herrliche Landschaft des Fürstentums Andorra lohnt auf jeden Fall einen Besuch, auch für Urlauber, die in erster Linie die Strände der Costa Brava genießen wollen. Wilde Bergbäche, tiefe Schluchten und schneebedeckte Gipfel lassen Bergromantik entstehen. Die Hauptstadt La Vella lockt als Einkaufsparadies. Für die Anfahrt bieten sich Route 4 (s. S. 63) oder Route 8 (s. S. 82) an.

5
Seite 74

Der Kleinstaat **Andorra** umfaßt 462 km² und beheimatet 49 000 Einwohner. Der niedrigste Punkt des Landes liegt auf einer Höhe von 840 m, höchster Berg ist der *Pic de Bareites* mit 2951 m, einer der 65 Pyrenäengipfel über 2500 m. Seit 1950 ist Andorra Freihandelszone ohne Steuern und Zölle. Dadurch hat sich das Land stark verändert: Es gleicht stellenweise einem riesigen Supermarkt. Neben dem Handel ist die Haupteinnahmequelle des Landes der Tourismus. Die Täler und Berge sind wie geschaffen für Wanderungen, Bergsteigen, Angeln und Wintersport. Zahlreiche Thermalbäder und sechs große Wintersportzentren mit 17 Sesselliften und über 40 Skiliften erwarten das ganze Jahr über Hunderttausende von Besuchern. Landessprachen sind gleichberechtigt Französisch und Katalanisch, Währungen Franc und Peseta.

Die 6000-Einwohner-Gemeinde *Sant Julià de Lória,* erster Ort hinter der Grenzstation, besitzt als Kleinod eine romanische Kirche mit einem Kruzifix aus dem 17. Jh. Auch die nahe Kapelle Sant Serni (2 km nordwestlich) in *Nagol* mit frühromanischen Wandmalereien lohnt einen Besuch.

Wenige Kilometer hinter Sant Julià führt die romanische Brücke *La Margineda* über den Riu Gran Valira. Kurz darauf erreicht man *Santa Coloma* mit einer weiteren frühromanischen Kirche (10. Jh.). Sie weist einen ungewöhnlichen runden, fünfstöckigen Turm und im Inneren eine Muttergottesstatue aus dem 12. Jh. auf. Oberhalb des Ortes ist die restaurierte Ruine des *Castell de Sant Vicenç* (12. Jh.) zu erkennen.

Andorra la Vella (18 000 Einw.). Die geschäftige Stadt (zahlreiche Banken, Souvenirläden) liegt am Fuße des *Puig d'Enclar* (2317 m). Historisch interessant und sehenswert ist die *Casa de les Vells,* das „Haus der Täler". Ihre Funktion als Sitz des Landesrats (seit 1580) signalisiert bereits das Portal mit den Wappen der andorranischen Gemeinden. Im Innern können die alte Küche, im ersten Stock die Capilla Sant Ermengol und der Sitzungssaal besichtigt werden. Neben der Casa de les Vells lädt die Pfarrkirche *Sant Esteve* zum Innehalten.

ℹ Dr. Villanova, ☎ (0 78) 2 02 14, und Avda. Princep Benlloch, ☎ (0 78) 2 02 02.

Ⓗ **Novotel Andorra,** Prat de la Creu, ☎ 86 11 16, Fax 86 11 20. Für Sportler interessant wegen seiner Tennisplätze, Hallenbad und Fitneßraum. $$ Insgesamt konkurrieren über 200 Hotels und 50 Pensionen, meist gehobenen Niveaus, um Gäste.

Die Landschaft ist sicherlich Grund genug, der Straße N 20b zum Port d'Envalira hinauf zu folgen. Daneben werden die kleinen romanischen Dorfkirchen Kunstinteressierte gleichfalls für die Ausdauer belohnen. In *Les Escaldes* (12 000 Einw.) steht im Nordteil der Stadt die Capilla de Sant Miquel de Engolasters (12. Jh.) mit schönen Freskenmalereien. In *Encamp* (6000 Einw.) stammen die Pfarrkirche Santa Eulàlia sowie (ein wenig außerhalb, Richtung Canillo) die wunderschöne kleine Kapelle von *Les Bons* aus dem 12. Jh.

3 km vor Canillo zweigt eine Straße ab zum **Santuari Meritxell.** Alljährlich am 8. September ist das Heiligtum Ziel von Tausenden von Pilgern. 1972 zerstörte ein Brand die alte Wallfahrtskapelle. Die Ruinen integrierte der spanische Stararchitekt Ricard Bofill in einen Neubau, der sich in seiner dunklen Farbtönung gut der Landschaft anpaßt. Im Zentrum des Gotteshauses steht wieder die Statue der hl. Jungfrau von Meritxell (eine Kopie des 1972 verbrannten Gnadenbilds aus dem 11. Jh.). Zwei Kreuzgänge dienen der Ruhe und Kontemplation.

Etwas außerhalb von **Canillo** liegt die schöne romanische Kapelle *Sant Joan de Caselles* (10.–12. Jh.). Sie beherbergt neben einem Altaraufsatz von 1525 ein leider stark angegriffenes Fresko, das eine Kreuzigungsszene darstellt.

Hinter Canillo beginnt der Anstieg zum **Port d'Envalira.** Die hervorragend ausgebaute Paßstraße führt bis auf 2407 m Höhe hinauf (Dez. bis April nicht befahrbar). – Statt denselben Weg zurückzufahren, bietet sich an, über Frankreich (Aix-les-Thermes / Bourg-Madame) Puigcerdà anzusteuern.

Andorra: Les Escaldes

In der Casa de les Vells (Andorra la Vella) tagt seit 1580 der Rat des Landes

5

Seite 74

Ein Land, zwei Herren

Schon Iberer und Römer siedelten in dem schwer zugänglichen Pyrenäengebiet. Die Geschichte des eigenständigen Landes beginnt – der Sage nach – mit Karl dem Großen, der es 784 gegründet haben soll. Zum ersten Mal urkundlich erwähnt wurde Andorra in der Weiheurkunde der Kathedrale von Seu d'Urgell 839, und zwar als Besitz der Grafschaft von Urgell. 1133 schenkte der Graf dem Bischof das Land. Streitigkeiten um die Lehens- und Hoheitsrechte zwischen dem Bischof und den Fürsten von Foix wurden 1278 mit der beiderseitigen Zustimmung zu den *Pareatges* beigelegt. Diese Vereinbarung regelte eine geteilte Regierung über das Land mit wechselnden Abgaben an die beiden Herrschaftsparteien. In angepaßter Form ist dieser Status bis heute gültig. Die Rechte des Bischofs vertritt ein Generalvikar, als Rechtsnachfolger des Fürsten fungiert der Präsident von Frankreich. Seit 1419 hat Andorra ein eigenes Parlament. Das allgemeine Wahlrecht wurde den Männern 1933, den Frauen aber erst 1970 zugestanden.

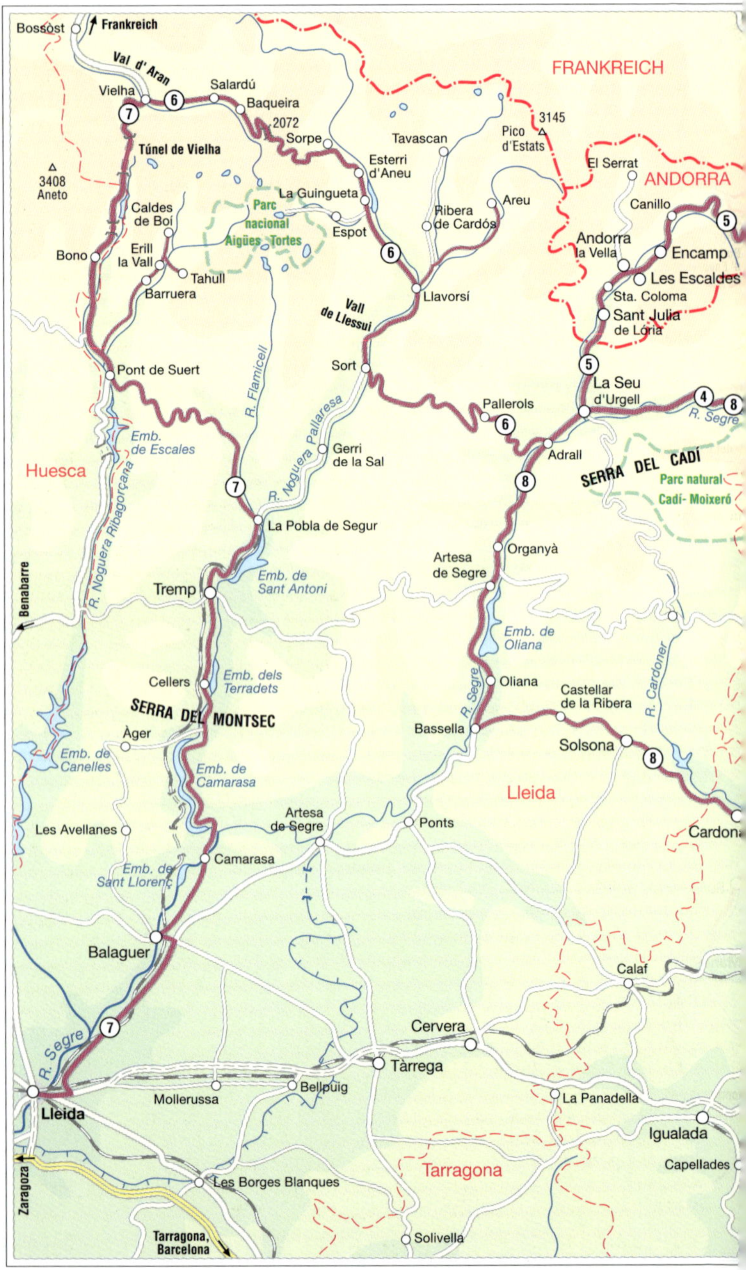
Bossòst
Frankreich
Val d' Aran
Vielha
Salardú
Baqueira
2072
Sorpe
FRANKREICH
3145
Pico d'Estats
Tavascan
Esterri d'Aneu
Túnel de Vielha
3408 Aneto
El Serrat
ANDORRA
Caldes de Boí
Parc nacional Aigües Tortes
La Guingueta
Espot
Ribera de Cardós
Areu
Canillo
Bono
Erill la Vall
Tahull
Barruera
Andorra la Vella
Encamp
Les Escaldes
Sta. Coloma
Llavorsí
Vall de Llessui
Sant Julià de Lòria
Pont de Suert
Sort
La Seu d'Urgell
Pallerols
R. Segre
R. Flamicell
R. Noguera Pallaresa
Emb. de Escales
Gerri de la Sal
Adrall
Huesca
SERRA DEL CADÍ
Parc natural Cadí- Moixeró
La Pobla de Segur
R. Noguera Ribagorçana
Organyà
Artesa de Segre
Emb. de Sant Antoni
Tremp
Benabarre
Emb. de Oliana
Cellers
Emb. dels Terradets
Oliana
Castellar de la Ribera
R. Cardoner
SERRA DEL MONTSEC
Àger
Bassella
Solsona
Emb. de Canelles
Emb. de Camarasa
Lleida
Artesa de Segre
Ponts
Les Avellanes
Cardona
Camarasa
Emb. de Sant Llorenç
Balaguer
Calaf
R. Segre
Cervera
Tàrrega
Bellpuig
La Panadella
Mollerussa
Lleida
Igualada
Zaragoza
Tarragona
Capellades
Les Borges Blanques
Tarragona, Barcelona
Solivella
4
5
6
7
8

5

ROUTEN 4 - 8
N
0
20 km
Ariège
Ax-les-Thermes
Perpignan
Têt
Prades
2407
Port
d' Envalira
Font-Romeu
Mont-Louis
2784
Pic du
Canigou
Céret
Amélie-
les-Bains-Palalda
Puigcerdà
Prats-de-Mollo-
la Preste
Tech
Puigmal
2910
Núria
Emb. de
Boadella
La Molina
Túnel
del Cadí
R. Ter
Molló
Ribes
de Freser
Girona
Albanyà
Guardiola
de Bergueda
R. Llobregat
R. Freser
Sant Joan
de les Abadesses
Castellfollit
de la Roca
R. Fluvià
Besalú
Ripoll
Olot
Zona Volcànica
de la Garrotxa
E. de la
Baélls
Sant Estere
d'En Bas
Banyoles
Berga
Sant Quirze
de Besora
Barcelona
Emb. de
Sau
Girona
R. Ter
Puig-reig
Anglès
Vic
Sant Hilari
Sacalm
Tona
SERRA DE MONTSENY
Sta. Coloma
de Farners
Súria
Sallent
Moià
Parc natural
del
Montseny
Vidreres
Manresa
Sant
Benet
R. Tordera
Parc natural
de Sant Llorenç
del Munt
La Garriga
Blanes
Calella
Malgrat
de Mar
Granollers
Montserrat
Sant Pol de Mar
Terrassa
Arenys de Mar
Sabadell
Olesa
de M.
Mataró
Martorell
Sant
Cugat
del Vallès
Premià de Mar
Badalona
Tarragona
Barcelona
Barcelona

5

Route 6

Pyrenäen pur

***La Seu d'Urgell – Sort –**
***Val d'Aran – Vielha (126 km)**

Noch in den 70er Jahren war das herrliche *Val d'Aran, das immerhin 1000 m hoch liegt, kaum erschlossen und schlecht zugänglich. Heute gibt es hier zahlreiche Skigebiete und ein Netz von Wanderwegen, die in einsame Täler und luftige Höhen entführen. Immer wieder entdeckt man voller Staunen kleine romanische Kirchen, die sich angesichts der Gipfelriesen zu ducken scheinen. Für die Tour sollte man sich zumindest einen Tag Zeit nehmen.

Man verläßt *La Seu d'Urgell* südwärts auf der N260. 30 km windet sie sich talauf und hügelab, bis **Sort** erreicht ist. Romantisch eingebettet in das Tal des Riu Noguera Pallaresa liegt die alte Hauptstadt (1500 Einw.) der Grafschaft Pallars. Abgesehen von der Burgruine ist im Ort wenig historische Substanz vorhanden – um so mehr überzeugt die herrliche Landschaft. Im Dorf besteht die Möglichkeit, organisierte Floß- und Schlauchbootfahrten auf dem stellenweise reißenden Fluß sowie Reitausflüge und Gleitschirmflüge zu buchen. 12 km westlich lockt im Winter das Skigebiet von *Llessiu* mit drei großen Liften und 21 Skipisten.

6

Seite 74

ℹ Av. Comtes de Pallars, 21, 25560 Sort, ☎ (9 73) 62 10 02, Fax 62 00 78.

Von Sort aus geht es in nördlicher Richtung durch das Noguera-Tal. Kleine Ortschaften am Fluß laden zum Verweilen ein.

Der 600-Seelen-Ort **Esterri d'Àneu** ist in Katalonien wegen seiner romanischen Pfarrkirche *Santa Maria* ein Begriff. In der ehemaligen Klosterkirche mit Holzdecke fand man Fresken des Meisters von Pedret (11. Jh.), die heute im Museu d'Art de Catalunya in Barcelona ausgestellt sind.

Von Esterri aus führt eine Holperpiste 13 km nach **Espot** (300 Einw.). Dieses Nest empfiehlt sich als Ausgangspunkt für Wanderungen im ***Nationalpark Aigües Tortes* (s. S. 22), während sich *Super Espot* als hervorragend ausgebauter Wintersportort um die Gunst der Skifahrer bemüht.

ℹ Prat del Guarda, 2, 25597 Espot, ☎ und Fax (9 73) 62 40 36.
Ⓗ **Roya,** C. Sant Maurici, 1, ☎ 63 50 40. Mit Hotelrestaurant; seit 100 Jahren in Familienbesitz. Vermittelt auch Appartements an Nationalparkbesucher. Ⓢ

In endlosen Serpentinen schlängelt sich die Straße hinauf zum ***Port de la Bonaigua** (2072 m; Paß zwischen Nov. und April gesperrt!). Etwa auf halber Höhe bietet sich neben einer Quelle ein Restaurant für eine Verschnaufpause von Roß und Reiter an. Ist man endlich auf der Paßhöhe angekommen, muß man sich erst an die Kälte gewöhnen, erwärmt sich aber beim 360-Grad-Bergpanorama mit Blick auf das ***Val d'Aran.** Von West nach Ost erstreckt sich das 600 km² große Tal und wird an seiner Nord- und Südseite von hohen Bergen geschützt. Daher herrscht hier ein angenehmes, weniger rauhes Klima. Die Bewohner sprechen kein reines Katalanisch, sondern das stark vom Französischen beeinflußte *Aranès.*

Salardú (300 Einw.) wird nicht nur von Wintersportlern, sondern auch von Kunstliebhabern geschätzt. Die im Mittelalter stark befestigte Stadt – Reste der Wehrmauern existieren noch – besitzt ein bauliches Kleinod: *Sant Andreu.* Das dreischiffige Gotteshaus mit schlichtem Eingangsportal ist im romanisch-gotischen Übergangsstil gehalten und birgt im Inneren eine majestätische Kruzifixskulptur, den „Christus von Salardú" (13. Jh.).

ⓘ C. Balmes, 2, 25598 Salardú,
☏ (9 73) 64 40 30, Fax 64 57 26.

Arties (400 Einw.) wartet ebenfalls mit romanischer Kunst auf, z. B. in der Kirche *Sant Joan* (12. Jh.) mit kleinem Museum sowie in der Pfarrkirche *Santa Maria* (13. Jh.), die ein Altarbild des Meisters von Ax und ein Taufbecken mit Relieffiguren als Kostbarkeiten besitzt.

Ⓗ **Parador Don Gaspar de Portolá,** Ctra. de Baqueira, ☏ 64 08 01, Fax 64 10 01. Im Palast (16. Jh.) der Familie von Portolá, deren Mitglied Don Gaspar im Namen der spanischen Königin Kalifornien eroberte. ($)

Vielha (2000 Einw.) ist die Hauptstadt des Val d'Aran. Die Berge und Täler der Umgebung sind wie geschaffen für Spaziergänge und Wanderungen. Sehenswert ist die *Altstadt* mit dem kleinen Markplatz und der Kirche *Sant Miquel* (12. Jh.). Ein imposantes Eingangsportal (Reliefs des Jüngsten Gerichts) führt vom Norden her ins Innere, wo neben einem reichgeschnitzten gotischen Altar (15. Jh.) vor allem der „Christus von Mijarán" (12. Jh.) in einer Seitenkapelle Beachtung verdient. Die Christusfigur mit der eigenwilligen Barttracht war ursprünglich Teil einer größeren Kreuzabnahme-Gruppe.

Am Carrer Major hat sich das volkskundliche *Muséu dera Val d'Aran* in einem herrschaftlichen Haus eingerichtet. Es zeigt u. a. Arbeitsgeräte, Textilprodukte und Möbel (🕒 Di–Sa 10–13, 17–20 Uhr, So 10–13 Uhr; Sept.–Juni werktags nur 17–20 Uhr).

ⓘ Sarriulera, 6, 25530 Vielha,
☏ (9 73) 64 01 10, Fax 64 05 37.

Ⓗ **Tuca,** Ctra. Salardú, ☏ 64 07 00, Fax 64 07 54. Das ganzjährig geöffnete Berghotel am Ortseingang kann auf einen eigenen Sessellift verweisen. ($)
Ⓡ Im rustikalen **La Borda de Betrèn** (C. Mayor, ☏ 64 00 32) serviert man einheimische Spezialitäten, z. B. Lamm mit Honig. ($)

Landschaft bei Espot

Im Val d'Aran hat sich ein eigener Dialekt erhalten

Der ausdrucksstarke Christus von Mijarán, Sant Miquel (Vielha)

6
Seite 74

Route 7

Vom Reiz der Romanik

Vielha – *Vall de Boí – Pont de Suert – Lleida (184 km)

Diese Route vom *Val d'Aran aus in die Provinzhauptstadt Lleida ist nichts für eilige Reisende. Liebhaber romanischer Baukunst und Landschaftsgenießer werden indes keine Minute der Fahrt bereuen, sich für die wunderschönen Kirchen im *Tal von Boí begeistern und Balaguer wie Lleida gerne einen Platz in ihrer Erinnerung einräumen. Wegen der langwierigen Bergfahrten ist eine Zwischenübernachtung anzuraten.

Man verläßt das Val d'Aran auf der N 230 Richtung Süden und durchquert den 6 km langen Tunnel von *Vielha,* um auf die Südseite der Pyrenäen zu gelangen. Die Landschaftsformen werden wieder sanfter. Etwa 3 km vor der Kleinstadt *Pont de Suert* biegt eine Landstraße nach Nordosten ab. Auf 30 km Länge hat man die Möglichkeit, einzutauchen in das Mittelalter: Damals entstanden im *Vall de Boí,* einem Rückzugsgebiet der Christen vor maurischer Verfolgung, die Kirchen, die wir heute nur bewundern können. Gefördert wurden die Christen in ihrer Bautätigkeit von den Grafen von Toulouse und den Baronen von Erill; die Herren hatten beim Kampf gegen die Mauren ihr finanzielles Glück gemacht.

7
Seite 74

***Vall de Boí.** Die kleine Pfarrkirche Santa Maria in *Coll* hat einen niedrigeren Turm als die übrigen Kirchen im Tal, aber die Blendarkaden an der Apsis des einschiffigen Gotteshauses lassen wie andere Sakralbauten dieser Gegend den Einfluß lombardischer Baumeister erkennen. *Barruera,* die Verwaltungszentrale des Tales, besitzt in Sant Feliu eine romanische Kirche. Der Ort ist aber hauptsächlich als Ausgangspunkt für Ausflüge zum nahen ***Nationalpark Aigües Tortes* (s. S. 22) von Interesse. Etwas abseits der Hauptstraße liegt *Durro.* Auch hier findet man eine schöne Kirche aus dem 12. Jh., die Esglesia Nativitat de la Mare de Déu. Allerdings konzentrieren sich die berühmtesten romanischen Bauwerke in der Gegend von Boí. In ***Taüll* sind es gleich zwei Kirchen, die Aufmerksamkeit heischen: Am Hang Sant Climent mit einem außergewöhnlich hohen, sechsstöckigen Glockenturm und phantastischen Apsismalereien. So ist z. B. der „Pantokrator" (Christus als Weltenherrscher) weltberühmt. Hervorragende Fresken eines anderen Künstlers sieht man in Santa Maria (1123), deren Campanile „nur" fünf Stockwerke aufweist (die Malereien in beiden Kirchen sind Kopien; Originale in Barcelona). Wenige Kilometer entfernt, am Westhang des Tales, liegt *Erill la Vall.* Hoch über die dunklen Häuser des Dorfes ragt die schlichte, einschiffige Kirche Santa Eulàlia (13. Jh.), deren schlanker Turm mit den Zwillingsfenstern vielleicht der schönste im ganzen Tal ist. *Caldes de Boí* schließlich ist ein bekannter Kurort; 37 Thermalquellen mit unterschiedlicher Zusammensetzung sprudeln hier aus der Erde.

ℹ C. Riu, 25527 Barruera,
☎ und Fax (9 73) 69 40 00.

Ⓗ Zahlreiche kleinere Hotels und Hostales in den Ortschaften des Tales. Zwei Beispiele: **Hostal Fondevila** in Boí, C. Unic, ☎ 69 60 11. Das Aparthotel verfügt über 43 modern eingerichtete Zimmer.
Pensió L'Aut in Errill la Vall, C. Unic, ☎ 69 60 48. Direkt gegenüber der Kirche, im Stil der Region aus Feldsteinen und Holz gebaut, aber modern ausgestattet.

⚠ **Boneta,** Barruera, Alta Ribagorga, ☎ 69 40 86.

Die folgenden 40 km auf der N 260 nach Osten verlangen den Autofahrern mehr Konzentration ab als die bisherige Strecke. Auf über 1300 m steigt die Straße noch einmal an, erklimmt den *Coll de Perbes,* ehe **La Pobla de Segur** (3500 Einw.) erreicht ist. Der Ort am nördlichen Rand des riesigen Stausees von Sant Antoni eignet sich gut als Basis für Touren in die Pyrenäen. In der nahen Umgebung besteht die Möglichkeit, ausgiebig der Angelleidenschaft zu frönen.

ℹ Av. Verdaguer, 35, 25500 Pobla de Segur, ☎ (9 73) 68 02 57, FAX 68 11 07.

Fast 16 km hat man nun den Stausee als Kulisse – der erste einer ganzen Kette am Riu Noguera Pallaresa. Die Energie vor der Haustür begünstigt den kleinen Industrieort *Tremp* (5000 Einw.), in dessen Altstadt noch Teile der Stadtmauer erhalten sind.

ℹ Pl. Capdevila, 25620 Tremp, ☎ (9 73) 65 13 80, FAX 65 20 36

H **Segle XX,** Pl. de la Creu, 30, ☎ 65 00 00, FAX 65 26 12. Das beste Haus am Platz bietet sich für eine Zwischenübernachtung an. ($)

Die Fahrt von Tremp nach Balaguer entpuppt sich als Dreiseenfahrt: Nacheinander passiert man die Stauseen Dels Terradets, De Camarasa und De Sant Llorenç. Hinter Cellers (111 km) zwingt ein Bergkamm, der die Gebirgszüge Montsec d'Ares im Westen und Montsec de Tùbies im Osten verbindet, die C 147 kurzfristig in Tunnels.

Balaguer (13 000 Einw.) am Ufer des Riu Segre kann sich eines der größten Marktplätze des Landes (Plaça del Mercadal) rühmen, und das nicht von ungefähr, ist es doch Handelszentrum einer ertragreichen Obstbauregion. 1106 erhoben die Grafen von Urgell Balaguer zu ihrem Sitz. Aus dieser Glanzzeit stammt die Kirche *Santa Maria,* die mit ihrem achteckigen Uhrturm hoch über der Stadt die Blicke auf sich zieht. Sie wurde 1575 eingeweiht und später mit Anbauten versehen. Neben der romanischen Kirche *Sant Salvador* und der barocken *Santo Cristo* ist der Besuch des *Klosters Sant Domènec* loh-

Sant Climent in Taüll mit seinem sechsstöckigen Glockenturm

Romanische Fresken (heute Kopien) in Santa Maria, Taüll

La Pobla de Segur: Rathaus

7

Seite 74

nenswert. Der einstöckige gotische Kreuzgang (14. Jh.) strahlt mit seinen schlanken Säulen eine wundervolle Leichtigkeit aus. Im ehemaligen Palast der Grafen von Urgell, dem *Castell Formós*, hat man sogar Funde aus arabischer Zeit ausgegraben; sie sind jetzt im *Museu Comarcal* (C. Sant Josep) ausgestellt.

ℹ Pl. Mercadal, 1, 25600 Balaguer, ☏ 44 66 06.

In der Umgebung der Kreisstadt lockt eine Fahrt in die herrliche Bergwelt, nach Nordwesten z. B. auf der L 904 über den Paß *Port d'Àger* (903 m) in das malerische Dorf Àger (hin und zurück 66 km). Unterwegs empfiehlt sich ein Halt in *Bellpuig de les Avellanes*.

Das dortige Kloster *Santa Maria* ist eine Gründung der Grafen von Urgell (1166). Graf Ermengol X erweiterte im 14. Jh. die Grablege des adligen Geschlechtes und ließ in der gotischen Kirche Grabmäler für sich und seine Familie errichten. Von dem romanisch-gotischen Bauensemble sind noch Teile des alten Kreuzgangs (12. Jh.), Teile der gotischen Kirche (14. Jh.) sowie der Schlafsaal, die Küche und der Kapitelsaal der Prämonstratensermönche erhalten.

7

Seite 74

Lleida

Lleida, span. Lérida, liegt in einer Ebene am Rande des Riu Segre. Vier Brükken, von denen der *Pont Vell* die älteste ist, verbinden die älteren Stadtteile im Norden mit den neueren Vierteln im Süden. Auf einem Hügel über der Altstadt erhebt sich, strategisch günstig gelegen und einer Burg nicht unähnlich, die Kathedrale. Die Stadt mit 110 000 Einwohnern ist ein wichtiger Verkehrsknotenpunkt.

Lleida geht auf eine Siedlung der Kelten zurück. Römern und Westgoten folgten im 8. Jh. die Mauren, die 1149 von Graf Ramon Berenguer IV vertrieben wurden. Danach erlebte die Stadt eine Blütezeit ohnegleichen und wurde 1300 unter Jaume II Universitätsstadt. Wie viele katalanische Städte erlitt sie Anfang des 18. Jhs. während des Spanischen Erbfolgekriegs Zerstörungen durch französische Truppen; auch der Spanische Bürgerkrieg hat Spuren der Verwüstung hinterlassen.

Rundgang: Ausgangspunkt ist die *Plaça Sant Llorenç* in der nordwestlichen Altstadt. Den Platz dominiert die Kirche **Sant Llorenç,** im 13. Jh. auf den Resten einer maurischen Moschee errichtet. Ihr weithin sichtbares Kennzeichen ist der 76 m hohe achteckige Glockenturm. Im Inneren des dreischiffigen Gotteshauses, das sich im romanisch-gotischen Übergangsstil gewandet, sieht man vier gotische Altarreliefs aus dem 14. Jh. Besonders schön ist das Retabel der Santa Ursula, auf dem Szenen aus dem Leben der Heiligen dargestellt sind.

Bergab geht es durch den Carrer dels Descalços und den Carrer de les Carmelites zur Plaça de la Catedral. An der Nordseite erhebt sich die klassizistische **Catedral Nova** (Neue Kathedrale; 1761–1792), die im Bürgerkrieg stark beschädigt wurde. Sie beherbergt ein kleines Dommuseum.

Gegenüber fand im ehemaligen **Hospital de Santa Maria** (15. Jh.) das Archäologische Museum und Stadtarchiv würdige Ausstellungsräume; Arkadengänge verleihen dem Innenhof Anmut. Vom Kathedralplatz aus geleitet einen der lange Carrer Major in die zusehends enger werdende Altstadt, die einen provinziellen Charme ausstrahlt.

Nach etwa 5 Gehminuten taucht auf der rechten Seite die **Casa de la Paeria** auf. Im 13. Jh. als Herrensitz erbaut, besitzt das heutige Rathaus noch romanische Gebäudeteile (z. B. im Hof), seine Fassade wurde allerdings 1868 „geliftet“. Wenige Meter weiter führt das einzige verbliebene Stadttor Arc del Pont zur Brücke Pont Vell.

Zur Alten Kathedrale gelangt man mittels eines Aufzugs von der modern gestalteten Plaça Sant Joan aus oder bergauf wandernd durch den geschäftigen Carrer de Cavallers.

Nach 75jähriger Bauzeit wurde 1278 **La Seu Vella** eingeweiht, allerdings baute man noch bis ins 14. Jh. am *Kreuzgang sowie dem Glockenturm. Nachdem die Kirche 1707–1947 als Kaserne gedient hatte, präsentiert sie sich im Hinblick auf ihren baulichen Zustand heute als Schlußlicht unter den großen katalanischen Kathedralen.

Durch das Nordtor *Porta de Sant Berenguer* gelangt man in die imposante dreischiffige Basilika. Von den 27 Kapellen sind nur wenige restauriert, mehr Eindruck machen die beiden Südportale Porta de la Anunciació und Porta dels Fillols (beide um 1215) mit reicher Pflanzenornamentik. Von einer Fenstergalerie im *Kreuzgang* (14. Jh.) kann man einen herrlichen Blick auf Lleida werfen.

Nur ein Katzensprung ist es von der Kathedrale zur romanischen Kirche **Sant Martí** an der gleichnamigen Straße. Heute werden in der früheren Universitätskapelle Plastiken aus dem 12. und 13. Jh. ausgestellt.

ℹ Av. Madrid, 36, 25002 Lleida, ☎ (9 73) 27 09 97, FAX 23 82 40; Pl. Paeria, 1, ☎ 70 03 19, FAX 24 39 55.

✈ Flughafen 7 km südlich, nationale Flüge.

Ⓗ **Condes de Urgel,** Av. de Barcelona, 21, ☎ 20 23 00, FAX 20 24 04. Stadtnah an der Ausfallstraße nach Barcelona, bietet das von außen weniger attraktive Hotelhochhaus im Innern jeglichen Komfort, Restaurant inklusive. ($$)
Principal, Pl. Paeria, 7, ☎ 23 08 00, FAX 23 08 03. In einer engen Altstadtgasse nahe dem Rathaus gelegen. ($)
Ⓡ In den Restaurants **La Pergola,** Gran Passeig de Ronda, 123, ☎ 23 82 37, und **Forn del Nastasi,** Salmerón, 10, ☎ 23 45 10, stehen neben internationaler Küche auch die eher deftigen Menüs der Region auf der Speisekarte. Beide ($$)

Balaguer liegt am Riu Segre

Lleida: in der Neuen Kathedrale, die 1761 begonnen wurde

Der Kreuzgang der Alten Kathedrale besitzt eine Fenstergalerie

7
Seite 74

Route 8

Vom Charme der Provinz

***** Barcelona – * Vic – * La Seu d'Urgell – Organyà – Solsona – Manresa – *** Barcelona (364 km)**

Fernab der vielbesuchten Küste und dem Moloch Barcelona geht der Herzschlag Kataloniens langsamer. Das bäuerlich geprägte Mittelland steht im Zentrum dieser Rundreise, die ein Potpourri verschiedener Landschaftstypen bereithält. Leicht zwei bis vier Tage unterwegs, durchfährt man sattgrüne Waldgebiete, wie z. B. die * Serra de Montseny, und kann sich vom Zauber der Bergwelt beiderseits des Massivs und Naturparks Cadí-Moixeró einfangen lassen. Kunstliebhaber sollten sich das wegen seines romanischen Schwerpunkts bekannte * Bischöfliche Museum in * Vic vormerken und zu der einen oder anderen der zahlreichen Burgen am Weg hinaufsteigen.

Man verläßt *Barcelona* über die A 7 Richtung Girona und biegt nach etwa 10 km nach Norden auf die autobahnähnlich ausgebaute N 152 ab. Die Gegend um *Granollers*, die Hauptstadt der Comarca Vallès Oriental und heute modernes Industriezentrum, ist schon immer sehr fruchtbar gewesen. Hinter Granollers steigt die Straße langsam an. Man fährt an den Kur- und Erholungsorten *La Garriga* und *Tona* (61 km) vorbei, die von den Barcelonesen am Wochenende gern aufgesucht werden.

8

Seite 75

Abstecher

Von Tona aus hat man die Möglichkeit einen Abstecher in die * *Serra de Montseny* (hin und zurück 52 km) zu unternehmen. Die liebliche Mittelgebirgslandschaft mit ausgedehnten Laub- und Nadelwäldern, kleinen Bauernhöfen und Weilern ist wie geschaffen zum Wandern (markierte Wege). Bis auf 1700 m steigen die Berge an (Turó de l'Home, 1712 m), und immer wieder begeistern die Ausblicke über die hügelige Gegend. Des öfteren trifft man auf begeisterte Pilzsammler, die körbeweise die schmackhaften *Bolets* aus den Wäldern holen.

* **Vic** (30 000 Einw.). Die ländliche Bischofsstadt geht auf eine Siedlung der Iberer zurück. An ihre römische Periode erinnert ein restaurierter *Dianatempel*. Ab dem 10. Jh. diente Vic den Grafen von Ausona als Residenz. Einen Besuch lohnt auf jeden Fall die dreischiffige *Kathedrale*. Mit ihrem Bau wurde im 11. Jh. unter Abt Oliba aus dem nahen Kloster in Ripoll begonnen. Mehrfache Zerstörungen waren dann 1803 der Grund für den Wiederaufbau im neoklassizistischen Stil. Im Inneren fallen sofort die monumentalen Wandmalereien in den Seitenkapellen und der Hauptapsis auf, geschaffen von Josep Maria Sert (1874–1945), der jahrelang bis kurz vor seinem Tod in der Kirche am Werk war. Etwas Besonderes sind auch der gotische Alabasteraltar (1427) von Pere Ollers sowie der barokke Silbersarg für den Bischof Bernat Calbó. Der dreistöckige gotische Kreuzgang wird beherrscht vom massigen Grabmal des Philosophen und Mathematikers Jaume Balmes (1810 bis 1848), der in Vic geboren wurde.

An die Kathedrale grenzt das ** *Bischöfliche Museum*. Von Barcelonas Museu d'Art de Catalunya abgesehen, ist es das Museum für romanische Kunst in Katalonien schlechthin. Neben der umfangreichen Ausstellung von Wandmalereien und Apsiden, die zum größten Teil aus den romanischen Kirchen der Umgebung Vics stammen, wird sakrale Kunst der Gotik und des Barock von hohem Niveau präsentiert. (🕓 Mai–Okt. tgl. 10–13, 16–18 Uhr, So/Fei nur vormittags; Nov.–April tgl. 10–13 Uhr.)

Pl. Major, 1, 08500 Vic,
(93) 8 86 20 91, FAX 8 89 26 37.

Der Glockenturm der Kathedrale von Vic ist ein Relikt der Romanik

Die Marktstadt **Berga** (14 000 Einw.) liegt in einem Talkessel, umringt von über 2000 m hohen Bergen. Seit der Römerzeit spielt hier die Textilverarbeitung eine große Rolle, und im 18. Jh. wurde Berga für die Erfindung einer neuartigen Spinnmaschine *(Berguedana)* bekannt. Heute wirkt das Städtchen ziemlich aufgeräumt.

C. dels Angels, 7, 08600 Berga,
(93) 8 21 01 00.

Estel, C. Sant Fruitós, 39,
8 21 34 63. 40 Zimmer, behindertengerecht ausgestattet. $
Berga, 8 21 12 50. Dazu gehört das Restaurant **L'Esquirol,** in dem man trefflich speisen kann. $

Die Umgebung Bergas ist prädestiniert zum Wandern und Angeln. Für einen ersten Überblick empfiehlt sich die Fahrt hinauf zur Wallfahrtskirche *Nuestra Senyora de Queralt.* Nicht von ungefähr heißt der Aussichtspunkt dort *Balcó de Catalunya* (mit Restaurant und Hotel). 4 km östlich von Berga entdeckte man in der in Teilen noch vorromanischen Kirche *Sant Quirze de Pedret,* die bis in das 12. Jh. hinein ausgebaut wurde, großartige Fresken des sog. Meisters von Pedret. (Die Originale befinden sich heute z. T. in Barcelona, z. T. in Solsona.)

Hinter Berga folgt die Straße dem Westufer des *Stausees von La Baells,* passiert Guardiola de Bergueda und Baga und taucht schließlich in den 5 km langen *Túnel del Cadí* (gebührenpflichtig) ein. Anschließend fährt man durch eine flache, fruchtbare Ebene bis * *La Seu d'Urgell,* 177 km (s. S. 70).

Zurück nach Barcelona geht es auf der N260/C1313 durch das sehr schöne Segre-Tal, hinein in die Schlucht von Organyà, wo sich der Fluß sein Bett in

In der Burgkirche von Cardona: Retabel der hl. Ursula

8
Seite 75

den Felsen gegraben hat und die Berge bis auf wenige Meter an die Straße heranreichen.

Am Ausgang der Felsenge wacht **Organyà.** In einem Rundbau auf dem Marktplatz des mittelalterlich geprägten Fleckens (1100 Einw.) ist die älteste in Katalanisch geschriebene Handschrift ausgestellt. Die sog. *Homilies d'Organyà,* die in der nahen Pfarrkirche *Santa Maria* (12. Jh.) aufgefunden worden war, datiert vom Ende des 12. Jhs.

In Basella verläßt man die C 1313 und fährt auf der L 301/C 1410 ostwärts.

Solsona. Die Hauptstadt der gleichnamigen Comarca (7000 Einw.) besitzt eine äußerst sehenswerte, am Fuß des Burghügels *Castellvell* gelegene Altstadt, die mit einem stellenweise noch intakten Stadtmauerring umgeben ist. Durch ein Stadttor betritt man das historische Viertel und gelangt zur *Kathedrale.* Die drei Apsiden und der Glockenturm stammen aus romanischer Zeit (1070), das Langhaus ist gotischen Ursprungs, die Fassade erst in der Zeit des Barock (18. Jh.) vollendet worden. Den Hochaltar schmückt eine Statue der Virgen del Claustre (12. Jh.); sie gilt als Schutzpatronin der Stadt.

Im Bischofspalast (18. Jh.) ist das bereits 1896 eröffnete *Diözesanmuseum* untergebracht. Frühgeschichtliche Funde und zahlreiche Kostbarkeiten der Romanik, die man aus den mehr als 100 mittelalterlichen Kirchen und Kapellen der Umgebung zusammengetragen hat, bilden seinen Schwerpunkt. Neben Skulpturen und Altargemälden, u. a. von Lluís Borrassà und Jaume Ferrer (beide 15. Jh.), kann man etwa Fresken aus Sant Quirze de Pedret und Sant Pau de Casserres bewundern. Dem Fresko *Orant* („Betender") aus dem 10. Jh. kommt als dem wahrscheinlich ältesten christlichen Wandbild in Katalonien besondere Bedeutung zu. Das angegliederte *Salzmuseum* macht deutlich, daß die Gegend zwischen Solsona und Manresa schon seit der Römerzeit Hauptabbaugebiet des weißen Würzmittels war, aus dem sich auch zauberhafte Skulpturen formen lassen (🕓 tgl. außer Mo 10–13, 16–18 Uhr).

ℹ Av. Pont, 25280 Solsona,
☎ (9 73) 48 23 10, Fax 48 25 14.

Ⓗ **Gran Sol,** an der Straße nach Manresa, ☎ und Fax 48 09 75. Mit Pool und Tennisplatz ausgestattet. $
Ⓡ **La Cabana d'en Geli,** Ctra. de Sant Llorenc, ☎ 48 29 57. Wem würde nicht der Mund wäßrig bei Artischokkenherzen mit Langusten, der Spezialität des Hauses! $

* **Cardona** (6000 Einw.), wird von einer mittelalterlichen Festung überragt. Ursprünglich zum Schutz gegen die Araber errichtet, wurde sie später erweitert und lange Zeit als Kaserne genutzt. Heute empfängt ein exklusives Hotel zahlende Gäste in den geheimnisumwitterten Mauern. Herrlich ist der Blick hinunter auf die von Kalisalzbergwerken zerfurchte Gegend.

Nicht entgehen lassen sollte man sich einen Besuch der Burgkirche *Sant Vincenç.* Sie wurde zwischen 1029 und 1040 ebenso wie die Kathedrale in La Seu d'Urgell von lombardischen Baumeistern erbaut und läßt daher italienische Stileinflüsse erkennen. Der schmalen, dreischiffigen Kirche mit nur angedeutetem Querhaus und drei Apsiden ist eine ungewöhnliche Vorhalle mit Empore vorgelagert. Im Inneren gotische Wandmalereien und Teile eines ebenfalls gotischen Kreuzgangs.

ℹ Av. Rastrillo, 08261 Cardona,
☎ (93) 8 69 27 98.

Ⓗ **Parador Duques de Cardona,** ☎ 8 69 12 75, Fax 8 69 16 36. Im Gemäuer einer mittelalterlichen Burg eingerichtet, mit schönem Blick auf die Stadt. $

Manresa (60 000 Einw.). Die Anfänge der Stadt, heute ein Zentrum für che-

Sant Climent am Ortsrand von Taüll

8
Seite 75

mische Industrie, reichen in die Römerzeit zurück. Wahrzeichen ist die auf einem Hügel liegende *Basílica de Santa Maria de la Seu*. Die mächtige gotische Hallenkirche mit dem auffallenden Glockenturm (1592) wurde zwischen 1328 und 1548 erbaut. Unter all den Altaraufsätzen ist das Retabel von Pere Serra (1394) hervorzuheben, auf dem Szenen des Lebens Christi und die Geschichte des Pfingstfestes dargestellt sind.

Im 16. Jh. soll Ignatius von Loyola, der Begründer des Jesuitenordens, einige Zeit in Manresa gelebt und in der Heiligen Grotte *(Santa Cova)* neben der barocken Jesuitenkirche seine „Exerzitien" niedergeschrieben haben.

Ende des 19. Jhs. machte die Stadt in ganz anderer Weise von sich reden: In der *Casa de la Ciutat* wurden 1892 von der „Unió Catalanista", einem Zusammenschluß national gesinnter Gruppen, die *Bases de Manresa* verfaßt, die die wesentlichen Grundlagen für die Verfassung eines autonomen Katalonien bildeten.

ℹ Pl. Major, 1, 08240 Manresa,
☎ (93) 8 72 53 78, FAX 8 72 25 93.

Sant Benet de Bages liegt 5 km nördlich von Manresa. Das Kloster, erstmals 960 erwähnt, fiel 1125 den Arabern zum Opfer, wurde aber sogleich wieder aufgebaut. Aus dieser Zeit stammt die romanische Klosterkirche mit 3 Apsiden. Im Kreuzgang aus dem frühen 13. Jh. sind schön gestaltete Kapitelle zu bewundern. Zum Teil sind sie noch aus der Zeit vor der Zerstörung des Klosters erhalten, wie die drei Flachreliefs mit den Themen Bartloser Christus, Priester sowie Verkündigung (alle 10. Jh.). Die restaurierte Anlage, die sich heute in Privatbesitz befindet, stellt einen Ort der Stille dar im Gegensatz zur nahen Industriestadt.

8
Seite 75

Terrassa (150 000 Einw.), 29 km südlich von Manresa an der A18 gelegen, ist ein Zentrum der Textilindustrie. Einen Stopp lohnt der aus der Römersiedlung Egara hervorgegangene Ort in erster Linie wegen seines * "Kirchenbezirks": Im Stadtteil *Sant Pere d'Egara* liegen drei Gotteshäuser dicht beieinander, begründet in dem frühchristlichen Gedanken, bischöfliche Basilika, Baptisterium und Pfarrkirche räumlich dicht beieinander anzusiedeln.

Sant Miquel ist die älteste der drei Kirchen (5.–9. Jh.). Sie stammt aus westgotischer und karolingischer Zeit, erkennbar an der Bauweise (Ziegellagen zwischen kubischen Steinen), der Grundrißform eines griechischen Kreuzes und der Kuppel. Im Inneren birgt sie karolingische Wandmalereien und eine unterirdische Krypta.

Im 12. Jh., z. T. auch früher, entstand die Basilika *Santa Maria*. Ein interessantes Fresko in der Seitenapsis zeigt unter einem Christusbild die Ermordung des Erzbischofs von Canterbury, Thomas Becket. Jaume Huguet, der in mehreren Kirchen Barcelonas mit Werken vertreten ist, schuf den Altar (1460).

Querhaus und Chor von *Sant Pere* sind aus westgotischer Zeit überkommen; das Langhaus wurde erst im 12. Jh. angefügt. Auffällige Blendarkaden mit Heiligenfiguren trennen die beiden Bauteile. Zur Kirche gehört ein wunderschöner Altar von Lluís Borrassà (1413). (🕒 Kirchenbezirk Di–So 9 bis 13.30, 15.30–19.30 Uhr, Okt.–April nur bis 18 Uhr.)

Das *Museu Tèxtil Biosca* im Stadtzentrum (Parc de Vallparadis) verfügt über eine reichhaltige Sammlung von Stoffen und Webarbeiten altspanischen und arabischen Ursprungs, sowie Stikkereien und Textilprodukte aus aller Welt (🕒 Di–Sa 9.30–13, 16–19 Uhr, So 10–14 Uhr).

ℹ Raval de Montserrat, 14,
08221 Terrassa, ☎ (93) 7 33 21 61,
FAX 7 88 60 30.

Die Autobahn A 18 führt über Sabadell zurück nach **Barcelona** (s. S. 27), 364 km.

Route 9

Die Route der Klöster

**Tarragona – Valls – *Santes Creus – **Poblet – Lleida (132 km)

Im Hinterland der Costa Daurada liegen zwei Kleinode zisterziensischer Klosterarchitektur: *Santes Creus und **Poblet. Beide sind Beispiele eines von Frankreich her geprägten Baustils, der in Katalonien die Gotik einleitete und in seiner Strenge und Nüchternheit die Prinzipien des Zisterzienserordens widerspiegelt.

Das Ziel der Route, die man bei guter Planung an einem Tag bewältigen kann, ist die Provinzhauptstadt Lleida, in der es gute Übernachtungsmöglichkeiten gibt.

Santes Creus: An den Kreuzgang grenzte der königliche Palast

Valls bietet sich als erste Zwischenstation an der N 240 an. Die Hauptstadt der ländlich geprägten Comarca Alt Camp (18 000 Einw.) hat sich einen sehenswerten Altstadtbereich mit Resten der mittelalterlichen Stadtmauer und des ehemaligen Judenviertels bewahrt. Die Kirche Sant Joan (16. Jh.; neugot. Glockenturm) lockt Kunstkenner vor allem mit der Capella del Roser. Darin ist auf herrlich bemalten Kacheln die Seeschlacht von Lepanto dargestellt, in der 1571 die Christen die Türken besiegten.

In Valls soll der Brauch der Castellers seinen Ursprung haben

ℹ Pl. del Blat, 1,
43800 Valls,
☏ (9 77) 60 62 87,
FAX 61 32 11.

Von Valls geht es auf der C 246 ostwärts Richtung El Vendrell. Nach 10 km biegt man Richtung El Pont d'Armentera ab und erreicht 5 km weiter das Zisterzienserkloster im Tal des Riu Gaià.

Santa Maria de Poblet, eine Gründung Ramon Berenguers IV

9

Seite 89

***Monestir Santes Creus** wurde Mitte des 12. Jhs. gegründet und von Mönchen aus Südfrankreich im romanisch-gotischen Übergangsstil ausgebaut. Als im folgenden Jahrhundert die aragonesischen Könige das „Kloster der heiligen Kreuze" zu ihrer Grablege erwählten, flossen die Gelder für die festungsartige Erweiterung. Die Säkularisierung 1835 zog Plünderungen und Zerstörungen nach sich, doch wurde Santes Creus vorbildlich wiederaufgebaut.

Rundgang: Durch ein schlichtes Portal gelangt man zunächst in den Hof mit der *Capilla de Santa Lucía* (1741), dann durch das Mariä-Himmelfahrts-Tor auf die *Plaça Major* mit einem barocken Brunnen und dem Haus des Abtes (1640). Besonderer Blickfang ist jedoch das romanische Portal der *Klosterkirche* (1174–1211). Ihr Grundriß entspricht der Form eines lateinischen Kreuzes mit fünf viereckigen Apsiskapellen. Massive kreuzförmige Pfeiler trennen das 21 m hohe Mittelschiff von den wesentlich niedrigeren Seitenschiffen.

Vor der Vierung mit achteckiger Kuppel erblickt man u. a. die unter Baldachinen ruhenden *Sarkophage* der aragonesisch-katalanischen Könige Pere III (1276–1285) und Jaume II (1285–1327) sowie von Jaumes Gattin Blanche d'Anjou, Königin von Neapel.

Rechts neben der Kirche liegt der Eingang zum eigentlichen Klosterbereich. Im *Neuen Kreuzgang* (1. Hälfte 14. Jh.; spätgot. Flamboyantstil) verdienen die grotesken Figurenkapitelle als Charakterbilder der Gesellschaft mehr als nur einen flüchtigen Blick. Von der Ostseite des Kreuzgangs betritt man den fast quadratischen *Kapitelsaal* (14. Jh.), in dessen Fußboden die Gräber ehemaliger Äbte eingelassen sind. Eine Treppe führt in das Obergeschoß zum *Schlafsaal* der Mönche. Seine Decke ruht auf elf massigen Spitzbogen. Der *Alte Kreuzgang* entstand ab 1153 und ist in seiner Schlichtheit beeindruckend. Um den Kreuzgang gruppieren sich Weinkeller, Küche, Refektorium (Speisesaal) und die Reste des Königspalastes. (🕓 Nov.–März 10–13, 15.30–18 Uhr, April–Okt. 10–13, 15.30–19 Uhr.)

Vom Kloster aus gelangen Reisende, die es eilig haben, über die Autobahn A 2 direkt nach Montblanc. Wer die Landschaft genießen möchte, fährt zurück nach Valls. Etwa 10 km hinter der Stadt windet sich die N 240 den *Coll de l'Illa* (581 m) hinauf.

🏨 **Coll de l'Illa,** ☎ 86 09 07, 📠 86 04 23. Direkt auf der Paßhöhe, mit einem überwältigenden *Ausblick bis Tarragona. ($)
🍴 **Mirador del Camp de Tarragona,** unterhalb des Hotels gelegenes Aussichtsrestaurant.

Montblanc (5000 Einw.) war im Mittelalter eines der Machtzentren des Landes. Hier trafen sich ab 1289 alle drei Jahre die *Corts Catalans,* Vertreter des Staates, der Kirche und des Bürgertums. Ihr Versammlungsort – die Kirche Sant Miquel – ist noch erhalten, außerdem Teile der Stadtmauer, die einst fünf Stadttore und stolze 34 Türme hatte. Die Pfarrkirche *Santa Maria La Major* (14. Jh.) erhielt nach einem Kriegsschaden ihre prächtige Barockfassade. Mehr als ein Jahrtausend früher hatten die Westgoten mit der Brükke über den Riu Francolí eine wichtige Verkehrsverbindung geschaffen.

ℹ Pl. Major, 1, 43400 Montblanc, ☎ (9 77) 86 12 32, 📠 86 24 24.

Über Espluga de Francoí erreicht man ****Santa Maria de Poblet.** Von einer 1,8 km langen Mauer umgeben, erstreckt sich der mehr an eine weltliche Residenz denn an ein Mönchsrefugium erinnernde Komplex in einer grünen Landschaft. Das Kloster geht auf eine Stiftung des Grafen Ramon Berenguer IV zurück (1150). Massiver königlicher Förderung im 13. und 14. Jh. verdankte Poblet riesige Ländereien und repräsentative Bauten; das Kloster entwickelte sich zu dem über lange Zeit wichtigsten geistlichen Zentrum Kata-

9
Seite 89

loniens. Seit 1940 wird es wieder von Mönchen bewohnt.

Rundgang: Die turmbewehrte *Porta Daurada* (1493) bildet das trutzige Entree zum großen Hof, der *Plaça Major.* Links steht dort die romanische *Capilla de Santa Catalina.* Von der Ostseite des Platzes führt die *Porta Reial* in den inneren Klosterbezirk. In den Räumen des nie vollendeten spätgotischen Palau de Sant Martí über dem Westflügel des Kreuzgangs ist das *Klostermuseum* untergebracht. Um den prächtigen *Kreuzgang* (13. Jh.) herum liegen Weinlager, Küche, Refektorium und die Bibliothek im Stil einer langgestreckten Säulenhalle, daneben der Kapitelsaal.

Montblanc, Pfarrkirche (Detail)

9

Seite 89

Die dreischiffige *Klosterkirche* wirkt durch den Kapellenkranz im Chorumgang gar nicht so typisch zisterziensisch-streng. Der alabasterne Hochaltar, geschaffen von Damià Forment, zeigt in vier Relieffolgen Szenen aus dem Leben Jesu. Bei den *Sarkophagen* sechs aragonesischer Könige des 12. bis 15. Jhs. handelt es sich um Rekonstruktionen. Vom rechten Seitenschiff der Basilika aus hat man Zutritt zur barokken *Neuen Sakristei,* in der eine herrliche Malerei (18. Jh.) die Kuppel schmückt. Vom linken Seitenschiff führt eine Treppe zum 87 m langen Schlafsaal der Mönche. (🕓 tgl. 10 bis 12.30, 15–18 Uhr.)

Ⓗ Die Mönche planen im ehemaligen Spital einen stilgerechten Hotelneubau. ☏ (9 77) 87 02 54.

Soweit das Auge reicht, erstrecken sich auf der fruchtbaren Hochebene *Pla d'Urgell* Mandel- und Olivenhaine, die vom streckenweise sehr romantisch von Platanen gesäumten Canal d'Urgell bewässert werden. In **Les Borges Blanques** besteht Gelegenheit, in einer Ölmühle des 17. Jhs. (im *Parc del Terrall*) bei der Gewinnung des goldfarbenen Oleums zuzusehen.

Abstecher

Etwa eine halbe Stunde Fahrzeit von Les Borges entfernt (40 km hin und zurück) liegt ein weiteres Zisterzienserkloster, das neben Santes Creus und Poblet zu den bekanntesten in Katalonien zählt: **Santa Maria de Vallbona.** Der kleine Nonnenkonvent besteht seit dem 12. Jh. In der sehenswerten einschiffigen Abteikirche ist außer ehemaligen Äbtissinnen auch eine aragonesische Königin bestattet, Violant von Ungarn (gest. 1251). Zum Kloster gehören ein kleines Museum und eine alte Apotheke. (🕓 März–Okt. werktags 10.30–13.30, So 12–13.30, 16.30 bis 19 Uhr, im Winter nur bis 18 Uhr.)

Nach 132 km ist der Endpunkt der Route, **Lleida** (s. S. 80), erreicht.

Route 10

Lebensader Ebre

Amposta – Tortosa – Lleida (158 km)

Die eintägige Fahrt entlang des Ebre-Tals steht unter einem romantischen Stern. In der Idylle der Landschaft geben zugleich viele zerstörte Dörfer, aber auch Tortosa Zeugnis von den grausamen Kämpfen, die im Spanischen Bürgerkrieg zwischen Republikanern und den Truppen Francos hier ausgetragen wurden.

Tortosa (31 000 Einw.) ist die Hauptstadt des Bezirks Baix Ebre sowie Industrie- und Marktzentrum der Region. Malerisch ziehen sich die Häuser die Talhänge hinauf; drei Brücken verbinden den neuen Teil der Stadt im Westen mit der Altstadt jenseits des Flusses. Auf dem Hügel, der heute von der Festung *La Suda* besetzt ist, siedelten bereits die Iberer. Nach fast 300 Jahren Araberherrschaft fiel die Stadt 1148 an den Grafen Ramon Berenguer IV von Barcelona. Hatte die Stadt später unter den Eroberungen durch Felipe V (1707) und zu Beginn des 19. Jhs. durch die napoleonischen Truppen zu leiden gehabt, so fügte der Spanische Bürgerkrieg der Stadt weitere Schäden zu.

Am Carrer de la Ciutat steht die eindrucksvolle *Kathedrale Santa Maria.* Sie wurde ab 1347 bis in das 15. Jh. hinein auf den Grundmauern einer ehemaligen Moschee errichtet. In einer Seitenkapelle, der Capilla Mare de Déu de la Cinta (zweite von rechts), wird eine seltene Relique aufbewahrt; es soll sich dabei um einen Teil des Gürtels der hl. Maria handeln. Sehenswert ist der doppelte Chorumgang mit Flamboyantverzierungen und der gotische Flügelaltar hinter dem Hochaltar, der die Verklärung Christi auf dem Berg

9
Seite 89

10

Seite 89

Tabor darstellt (14. Jh.). Durch die Puerta de la Olivera an der Plaça de la Cinta ist der holzgedeckte romanische Kreuzgang zugänglich.

Im gotischen *Palau Episcopal,* schräg gegenüber der Kathedrale, lohnt ein Blick in den schönen Innenhof und die Palastkapelle. Wenige Schritte entfernt zieht die Fassade des *Palau Oliver del Boteller* aus dem 15. Jh. den Blick auf sich.

Am Carrer Sant Domènec wartet ein herrliches Renaissanceensemble: Das *Col.legi de Sant Lluís,* 1544 von Kaiser Karl V. gegründet, und das Kloster *Sant Domènec* (16. Jh.). Im Innenhof des Kollegs entdeckt man in der ersten der drei Arkadenreihen Medaillons, die die aragonesischen Könige darstellen. Nebenan macht das *Museu Municipal* in der Kirche von Sant Domènec den Besucher mit der Vergangenheit der Stadt vertraut.

Die Krone der Stadtsilhouette, das *Castell La Suda,* wurde ursprünglich von den Arabern erbaut und war später Residenz des Königs Jaume I. Heute kann man in der zum Parador umgestalteten Burg mit höchstem Komfort tafeln und übernachten.

🛈 Av. Generalitat, 43500 Tortosa, ☎ (9 77) 44 25 67; Pl. Bimil.lenari, ☎ 51 08 22, FAX 58 58 52.

Parador de Tortosa, ☎ 44 44 50, FAX 44 44 58. Von der exponiert gelegenen Nobelherberge genießt man einen phänomenalen Blick über das Ebre-Tal. Die rustikal eingerichteten Zimmer rufen Träume von Rittern und Burgfräulein hervor. ($)

El Parc, Av. Generalitat, ☎ 44 48 66. In einer schönen Grünanlage.

In der Umgebung von Tortosa: Westlich der Stadt ist die an die Dolomiten erinnernde Bergkette der * *Serra dels Ports de Beseite* mit dem höchsten Gipfel Mont Caro (1447 m; Naturreservat) ein attraktives Ausflugsziel. In der unerwartet bizarren Bergwelt von *Els Re-*

Tortosa: Blick vom Castell La Suda auf die Stadt

Am Rathaus findet sich das Stadtwappen von Tortosa

Im Ebre-Tal

Seite 89

quers und *Alfara de Carles* dagegen (24 km von Tortosa) sind noch Steinböcke und Adler zu Hause.

Bis weit hinter Xerta geht es durchs liebliche Tal des Ebre, dann führt die C 235 in vielen Kurven über karge Höhenzüge nach Gandesa.

Abstecher

Etwa 10 km vor Gandesa lohnt sich ein Abstecher (insges. ca. 30 km) nach *Miravet,* das vom Ostufer des Ebre mit einer Fähre zu erreichen ist. Eindrucksvoll erhebt sich die Burg (ehemals ein Zentrum des Templerordens) über dem Dorf; im sog. Töpferviertel werden seit Jahrhunderten Tonwaren gefertigt.

Gandesa liegt malerisch dem *Puig Cavaller* (962 m) zu Füßen. Das kleine Marktzentrum der wein- und olivenreichen Gegend (3400 Einw.) wurde von den Arabern gegründet. So nimmt es nicht wunder, daß die Pfarrkirche *De la Asunción* auf den Überresten einer Moschee steht. Das Rathaus ist nur einer unter den zahlreichen gotischen Bauten, die nahezu originalgetreu erhalten sind. Anfang unseres Jahrhunderts entstanden die sehenswerten Anlagen der „Landwirtschaftskooperative Gandesa". Die Jugendstilhallen der Weinkellerei konzipierte César Martinell.

ⓘ Av. Catalunya, 43780 Gandesa,
☎ (9 73) 42 06 14, Fax 42 03 95.

In dem kleinen Dorf *Corbera d'Ebre* wird ein trauriges Kapitel der katalanischen Geschichte lebendig. Von Francos Truppen fast gänzlich zerstört, gleicht der Ort einem Mahnmal des Spanischen Bürgerkriegs.

Nächste Station ist *Ascó,* dessen Name durch ein riesiges Kernkraftwerk am Ebre eine gewisse Bekanntheit erlangte. Ebenfalls Strom erzeugt man am großflächigen Stausee von *Flix.* Von Flix aus sind es noch 58 km durch die steinige Hochebene bis zur Provinzhauptstadt **Lleida** (s. S. 80).

Praktische Hinweise von A–Z

Ärztliche Versorgung und Apotheken

Gesetzlich Krankenversicherte sollten sich vor Reisebeginn bei ihrer Krankenkasse die Anspruchsbescheinigung E 111 besorgen. Im Bedarfsfall tauscht man dafür bei einem *Instituto Nacional de la Salud* oder einer Zweigstelle der *Seguridad Social* einen spanischen Krankenschein ein. Der Abschluß einer privaten Auslandskrankenversicherung ist zu empfehlen; nur dann hat man freie Arztwahl. Die Hotelrezeption oder auch das Konsulat können Adressen deutschsprachiger Ärzte vermitteln.

Apotheken erkennt man am grünen oder roten Malteserkreuz. Wer außerhalb der normalen Geschäftszeiten Notdienst hat, ist den Tageszeitungen unter der Rubrik *farmacias* bzw. *farmaciès* und dem Aushang an den Apothekentüren zu entnehmen.

Devisen

Spanische Währung darf unbeschränkt eingeführt und bis zu 1 Mio. Ptas ausgeführt werden. Die Einfuhr von Fremdwährung ist unbegrenzt, Ausfuhr bis zum Gegenwert von 500 000 Ptas bzw. in Höhe der Einfuhrdeklaration.

Diplomatische Vertretungen

Deutschland: Generalkonsulat in Barcelona, Passeig de Gràcia 111,
☎ (93) 4 15 36 96 (Mo–Fr 9–14 Uhr).

Österreich: Honorargeneralkonsulat in Barcelona, Calle Balmes 200,
☎ (93) 2 17 60 58.

Schweiz: Generalkonsulat in Barcelona, Gran Via de Carlos III 94,
☎ (93) 3 30 92 11.

Einreise

Für Deutsche, Österreicher und Schweizer genügt bei einem Aufenthalt bis zu 3 Monaten der gültige Personalausweis bzw. die nationale Identitätskarte. Kinder unter 16 Jahren müssen einen Kinderausweis besitzen oder im Elternpaß eingetragen sein.

Für Hunde muß eine vom Amtstierarzt des Herkunftsortes ausgestellte Gesundheitsbescheinigung (max. 14 Tage alt) und eine Tollwutimpfbescheinigung (mind. 21 Tage, max. 12 Monate alt) in deutscher und spanischer Sprache vorgelegt werden.

Elektrizität

Die Netzspannung beträgt 220 Volt; keine Steckerprobleme.

Feiertage

Neujahr; 6. Januar (Hl. Drei Könige); Karfreitag; Ostermontag; 1. Mai (Tag der Arbeit); 24. Juni (Johannisfest); 15. August (Mariä Himmelfahrt); 11. September (katalanischer Nationalfeiertag); 12. Oktober (Entdeckung Amerikas); 1. November (Allerheiligen); 6. Dezember (Tag der span. Verfassung); 8. Dezember (Mariä Empfängnis); 25./26. Dezember.

Geld

Währungseinheit ist die Peseta (Pta, Ptas oder Pts). Im Umlauf sind Banknoten zu 10 000, 5000, 2000 und 1000 Ptas sowie Münzen zu 200, 100, 25, 10, 5 und 1 Pta. Den Tageskurs erfährt man bei den Banken oder aus der Tageszeitung.
Richtwert: 100 Ptas = 1,23 DM (Stand: September 1995).

Geldautomaten für ec-Karten oder für Kreditkarten sind ausreichend vorhanden.

Postsparer können gegen Vorlage des Postsparbuchs mit Ausweiskarte sowie Personalausweis oder Paß bis zu 2000 DM innerhalb von 30 Tagen zu einem günstigen Kurs (ohne Abzug von Gebühren) abheben.

Information

Auskünfte und Prospekte erhält man bei den Spanischen Fremdenverkehrsämtern:
D-10707 Berlin, Kurfürstendamm 180, ☏ (0 30) 8 82 65 43;
D-40237 Düsseldorf, Grafenberger Allee 100, ☏ (02 11) 37 04 67;
D-60323 Frankfurt/M., Myliusstr. 14, ☏ (0 69) 72 50 33;
D-80051 München, Postfach 15 19 40, ☏ (0 89) 53 01 58.
A-1010 Wien, Walfischgasse 8, ☏ (02 22) 5 12 95 80.
CH-8008 Zürich, Seefeldstr. 19, ☏ (01) 2 52 79 30.

In Katalonien erteilen in allen größeren Orten die lokalen Verkehrsbüros (Oficina de Informació / de Turisme; CIT – Centre de Iniciativas Turísticas) detaillierte Auskünfte.

Kriminalität

In den Touristenzentren der Costa Brava und in Barcelona besteht ein erhöhtes Diebstahlrisiko. Daher sollte man folgende Ratschläge beherzigen: Nichts im Auto liegen lassen! Nie mehr Geld als nötig einstecken. Personalausweis oder Paß im Hotel lassen, nur eine Kopie mit sich führen. Vorsicht beim Geldabheben an Automaten!

Notruf

Police Nacional: ☏ 0 91 (bei Diebstählen und Überfällen); Police Municipal: ☏ 0 92 (innerorts zuständig für Verkehrsunfälle und Abschleppdienst); Guardia Civil de Tráfico: ☏ 0 62 (außerorts).

Feuerwehr: ☏ 0 80; Ambulanz ☏ 300 20 20; Cruz Roja: ☏ 4 33 15 51.

Der ADAC unterhält einen deutschsprachigen Notrufdienst in Barcelona, ☏ (93) 4 78 78 78, ganzjährig Mo–Fr 8–20 Uhr, Sa/So/Fei 9–18 Uhr.

Öffnungszeiten

Geschäfte: gewöhnlich Mo–Fr 9–13, 16.30–19/20 Uhr, Sa 9–13 Uhr; Kaufhäuser haben durchgehend geöffnet.

Banken: Mo–Fr 8.30–13/14 Uhr; Wechselstuben bedienen länger.
Post: Mo–Fr 9–14 Uhr.
Museen sind in der Regel Mo ganztags, So/Fei nachmittags und werktags von 13/14 bis 15/16 Uhr geschlossen.
Restaurants: haben häufig So abends und Mo geschlossen.

Post

Das Porto für Ansichtskarten und Normalbriefe beträgt innerhalb von Europa 60 Ptas. Briefmarken *(sellos)* erhält man außer am Postschalter auch in Tabakläden *(estanc[o]s),* beim Kauf von Ansichtskarten oder an der Hotelrezeption.

Radio

In Spanien kann man die Informationssendungen der Deutschen Welle empfangen („Reisebegleiter" anfordern bei der Deutschen Welle, Abt. Hörerpost, D-50588 Köln). In den Haupttouristengebieten senden auch spanische Stationen deutsche Programme.

Souvenirs

Vielfältig sind die Möglichkeiten, aus Katalonien Reiseandenken oder Geschenke für die zu Hause Gebliebenen mitzubringen. An der Costa Brava lokken geschmackvolle Erzeugnisse aus Keramik (in und um La Bispal) oder Kork (um Palafrugell) zum Kauf. Immer noch recht günstig sind Lederwaren – Gürtel, Taschen und Jacken – an der südlichen Costa Daurada (Sant Carles de la Ràpita).

Ein wahres Einkaufsparadies ist Barcelona: In urigen Kneipen kann man katalanischen Sekt (Cava) vor dem Kauf probieren, im Carrer Montcada um das Picasso-Museum herum warten Galerien und Kunsthandwerkläden auf Besucher; ihr Sortiment reicht von bemalten Kacheln bis zum (angeblich) echten Picasso. Schuhe sind in Barcelona besonders preiswert, egal ob man zu schicken Lackschuhen oder derbem Schuhwerk aus dem ländlichen Raum greift.

Telefon

Das Telefonamt *(Telefónica)* ist normalerweise vom eigentlichen Postamt *(Correos)* getrennt. In neuen Telefonzellen sind alle Münzsorten verwendbar sowie Telefonkarten *(tarjeta telefónica).* Zwischen 22 und 8 Uhr kosten Auslandsgespräche weniger.

Zuerst 07 wählen, einen hellen Ton abwarten, dann die Landesvorwahl (Deutschland 49, Österreich 43, Schweiz 41), die Ortskennzahl (ohne Null) und die Rufnummer des Fernsprechteilnehmers. Ein Pfeifton zeigt das Gesprächsende an.

Vorwahl nach Spanien: 00 34, anschließend die Provinzvorwahl ohne die Neun am Anfang (im Reiseteil bei den Infostellen angegeben; bei Telefonaten innerhalb der Provinz entfällt die 9 ebenfalls).

Trinkgeld

Selbst bei Inklusivpreisen ist es üblich, Kellnern und Taxifahrern ein Trinkgeld zu geben (ca. 10 % des Rechnungsbetrags). Gepäckträger und Zimmermädchen bekommen rund 100 Ptas pro Gepäckstück bzw. Aufenthaltstag.

Zeit

MEZ; Sommerzeit von Anfang April bis Ende September.

Zollbestimmungen

Für Reisende aus EU-Ländern gibt es seit 1993 generell keine Begrenzungen mehr, allerdings akzeptiert der Zoll nicht mehr als 800 Zigaretten und 10 l Spirituosen (pro Person ab 15 bzw. 17 Jahren) für den Privatgebrauch. Davon ausgenommen sind Waren aus *Duty-free*-Einkäufen; die Freimengen erfährt man in den jeweiligen Geschäften.

Reisende aus der Schweiz können aus Spanien u. a. zollfrei einführen: 2 l Wein, 1,5 l mit mehr oder 2 l Spirituosen mit weniger als 15 ° Alkoholgehalt, 200 Zigaretten oder 50 Zigarren, 50 g Parfüm. Souvenirs sind bis zum Wert von 200 sfr (pro Person) abgabenfrei.

Register

Orts- und Sachregister

Abenteuersportarten 21
Aiguamolls de l'Empordà 22, 42
Aigües Tortes, Nationalpark 22, 76, 78
Amposta 62
Andorra 72, 73
Angeln 20
Arc de Bera 56
Arties 77
Ascó 92

Balaguer 79
Banyoles 67
Barcelona 12, 27 ff.
- Antic Hospital de la Santa Creu 28
- Barceloneta 32, 35
- Barri Gòtic 27, 32
- Casa de l'Ardiaca 33
- Casa de la Ciutat 32
- Casa Milà 35
- Centre Excursionista de Catalunya 32
- Convent dels Àngels 28
- Eixample 15
- Estadi Olímpic 34
- Fundació Joan Miró 35
- Gran Teatre del Liceu 29
- Hafenpromenade 32
- Kathedrale 33
- Kulturzentrum für zeitgenöss. Kunst 28
- Mançana de la Discòrdia 35
- Mare Déu Betlem 28
- Mercat de Sant Josep 28
- Montjuïc 34
- Monument a Colom 29
- Museu d'Art de Catalunya 35
- Museu d'Art Modern 34
- Museu d'Història de la Ciutat 32
- Museu de Cera 29
- Museu del Calçat Antic 32
- Museu Frederic Marés 32
- Museu Marítim 29
- Museu Picasso 34
- Olympiahafen 34
- Palau de la Generalitat de Catalunya 32
- Palau de la Virreina 28
- Palau del Lloctinent 32
- Palau Güell 29
- Palau Mojà 28
- Palau Reial Major 32
- Parc de la Ciutadella 33
- Plaça de Sant Felip Neri 32
- Plaça del Pi 28
- Plaça del Rei 32
- Plaça Reial 29
- Poble Espanyol 34
- Rambla 27, 28
- Sagrada Família 36
- Saló de Tinell 32
- Sant Pau del Camp 29
- Santa Maria del Mar 34
- Teatre Poliorama 28

Barruera 78
Begur 48
Berga 83
Besalú 68
Blanes 52

Cadaqués 40
Cadí-Moixeró 22
Caldes de Boí 78
Calella de Palafrugell 48
Cambrils 62
Cap de Creus 40
Cardona 84
Castelldefels 54
Castellfollit de la Roca 68
Castelló d'Empúries 42
Castells 16
Català 9
Cava 19
Corbera d'Ebre 92
Correfoc 16
Costa Brava 49
Costa Daurada 62
Cubelles 56
Cunit 56

Delta de l'Ebre 22, 62, 90

El Maresme 53
El Port de la Selva 40
El Vendrell 56
Empúria Brava 42
Empúries 12, 44
Encamp 72
Erill la Vall 78
Espot 76
Esterri d'Àneu 76

Feste 16 f.
Figueres 42

Gandesa 92
Gegants 16
Girona 63 ff.
Golf 20
Gotik 14
Granollers 82

Havaneras 16

Illes Medes 46

Juden 64

Klima 8

L'Escala 44
L'Estartit 46
La Bisbal 47
La Platja d'Aro 50
La Pobla de Segur 79
La Seu d'Urgell 70
Les Borges Blanques 90
Llafranc 48
Llançà 40
Lleida 80 f.
Llessiu 76
Lloret de Mar 52

Manresa 84
Martorell 38
Mataró 53
Miravet 92
Modernisme 15, 34
Montblanc 88
Montserrat, Kloster 38

Nuria 70

Olot 68
Organyà 84

Palafrugell 48
Palamós 49
Pals 48
Peratallada 48
Port Aventura 60, 61
Portbou 39
Puigcerdà 70
Pyrenäen 8, 21, 70

Queralbs 70

Renaixença 15
Ribes de Freser 70
Ripoll 69, 71
Romanik 14
Roses 41

Salardú 76
Salou 61
Sant Benet de Bages 86
Sant Cugat del Vallès 37
Sant Feliu de Guíxols 50
Sant Joan de les Abadesses 69
Sant Pere de Rodes 40
Sant Pere Pescador 44
Sant Sadurní d'Anoia 19, 38
Santa Maria de Poblet 88
Santa Maria de Vallbona 90
Santes Creus 88
Sardana 10, 16
Segeln 20
Serra de Montseny 82
Serra del Cadí 70
Serra dels Ports de Beseite 91
Sitges 54
Skifahren 20
Solsona 84
Sort 76

Tamariu 48
Tarragona 12, 57 ff.
Taüll 78
Terrassa 86
Tibidabo 37
Torroella de Montgrí 46
Tortosa 90
Tossa de Mar 51
Tremp 79

Ullastret 47

Val d'Aran 76
Vall de Boí 78
Valls 87
Vic 82
Vielha 77
Vilafranca del Penedès 19, 38
Vilanova i la Geltrú 56

Wandern 21

Zona Volcànica de la Garrotxa 23, 68

Personenregister

Agulló, Ferrán 49

Barkas, Hamilkar 27
Benjamin, Walter 39
Bofill, Ricard 73
Borrassà, Lluís 66
Borrell II 12
Buñuel 43

Casals, Pablo 56
Cerdà, Ildefons 15
Chagall, Marc 51

Dalí, Salvador 16, 17, 40, 42, 43,
Domènech i Estapà 28
Domènech i Montaner, Lluis 34, 35

Felipe V 12
Ferdinand von Aragón 12, 64
Fontaines, Pedro 66
Franco 13

Gaudí, Antoni 29, 34, 35, 36
Guifre I (el Pelós) 12, 69
Guimerà, Àngel 15

Isabella I. von Kastilien 12, 64

Jordi Pujol 13
Juan Carlos I 13

Karl der Große 50, 73

Maragall, Joan 15
Mersé, Juan 15
Mir, Joaquim 56
Miró, Joan 16, 28
Moses ben Nahman 64

Pere Joan 58
Picasso, Pablo 16
Pla, Josep 15, 48
Primo de Rivera 13
Puig i Cadafalch, Josep 34, 35

Ramon Berenguer III 58
Ramon Berenguer IV 12, 80, 87, 88, 90
Rodoreda, Mercè 15
Rusiñol, Santiago 54

Sert, Josep Maria 54

Tàpies, Antoni 16, 17
Trajan, Kaiser 56, 60

Urgell, Grafen von 80

Vázquez Montalbán, Manuel 15
Verdaguer, Jacint 15

Bildnachweis

Alle Fotos APA Publications/Jeroen Snijders außer Archiv für Kunst und Geschichte, Berlin: 17/1. Bildarchiv Steffens/Rudolf Bauer: 53/2. Bildarchiv Steffens/Walter Allgöwer: 1. Gerold Jung: 7/2, 11/1, 27/3, 29/1, 35/3, 39/3, 41/1 u. 3, 51/3. Gertraud M. Trox: 15/2, 23/2, 27/1, 29/2, 33/1, 35/2, 37/2, 55. ZEFA/Braennhage: Umschlag (Bild). Superbild/Bernd Ducke: Umschlag (Flagge).